J.-F. Roulet / J. Viohl / K.-R. Jahn
Curriculum – Der Weg zum Doktorhut

Die innere Überzeugung, das Richtige zu tun,
ist die beste Motivation dafür,
in schwierigen Situationen nicht aufzugeben.

J.-F. Roulet

Curriculum
Der Weg zum Doktorhut

2., überarbeitete und erweiterte Auflage

von

Prof. Dr. med. dent. J.-F. Roulet

Charité – Universitätsmedizin Berlin,
Campus Virchow-Klinikum,
Zentrum für Zahnmedizin

Prof. Dr. med. dent. J. Viohl

Charité – Universitätsmedizin Berlin,
Campus Benjamin Franklin,
Klinik und Poliklinik für Zahn-, Mund- und Kieferheilkunde

Prof. Dr. med. K.-R. Jahn

Charité – Universitätsmedizin Berlin,
Campus Virchow-Klinikum,
Zentrum für Zahnmedizin

Quintessenz Verlags-GmbH
Berlin, Chicago, Tokio,
Barcelona, Istanbul, London, Mailand, Moskau, Mumbai,
Paris, Peking, Prag, São Paulo, Seoul, Warschau

Bibliografische Information der Deutschen Bibliothek
Die Deutsche Bibliothek verzeichnet diese Publikation in der Deutschen Nationalbibliografie;
detaillierte bibliografische Daten sind im Internet über <http://dnb.ddb.de> abrufbar.

Copyright © 2006 by Quintessenz Verlags-GmbH, Berlin

Dieses Werk ist urheberrechtlich geschützt. Jede Verwertung außerhalb der
engen Grenzen des Urheberrechtsgesetzes ist ohne Zustimmung
des Verlages unzulässig und strafbar. Das gilt insbesondere für Vervielfältigungen,
Übersetzungen, Mikroverfilmungen und die Einspeicherung und Verarbeitung
in elektronischen Geräten.

Druck- und Bindearbeiten: Druckhaus Köthen GmbH, Köthen/Anhalt
Printed in Germany

ISBN 3-87652-369-9

Vorwort

Eine besondere Pflicht eines Hochschullehrers ist neben Lehre und Forschung das Heranziehen wissenschaftlichen Nachwuchses. Der erste Schritt in der wissenschaftlichen Karriere ist zumeist das Verfassen einer Dissertationsschrift. Als aktive Forscher haben wir über viele Jahre Dissertationen betreut. Es hat sich dabei eine gewisse Methodik entwickelt, die zunächst über eine Reihe von Jahren in einem Manuskript zusammengestellt war und jetzt im vorliegenden Buch in der 2. Auflage niedergelegt ist. Dieses Vorgehen soll potenziellen Doktoranden in der Zahnmedizin helfen, den mühevollen Weg zur Promotion möglichst geradlinig zu durchlaufen. Ebenso möchten wir Hochschulkollegen Anregungen geben, wie in der Betreuung von Doktoranden Friktionen vermieden werden können.
Wir sind uns bewusst, dass sich in der jetzigen Umbruchsituation in Berlin manche Dinge verändern werden; vom Grundsatz her bleibt aber das Verfahren gleich, so dass Änderungen und Verbesserungen bei einer gründlich überarbeiteten Nachauflage berücksichtigt werden können.
Wir danken allen, die am Entstehen dieses Buches mitgewirkt haben. So haben Frau Dr. C. Fehrenberg (Fachtierärztin und Tierschutzbeauftragte, Campus Virchow Klinikum) das Kapitel über Tierversuche und Frau C. Büchner (Klinik für Strahlenheilkunde, Campus Virchow Klinikum) das Kapitel über Arbeiten mit Röntgenstrahlen oder radioaktiven Isotopen überarbeitet. Weiterhin danken wir Herrn PD Dr. Hegewald für die detaillierten Angaben zu den komplexen Strahlenschutzproblemen.
Schließlich sei allen unseren Doktoranden gedankt für ihre fordernde Art, die letztlich den Anstoß zum Entstehen dieses Buches gegeben haben.
Herrn Lorenz, der viele Doktoranden mit grafischem Wissen und guten Empfehlungen weitergeholfen hat, sei an dieser Stelle auch für die verwendeten Grafiken gedankt.
Ohne die akribisch methodische Arbeit von Frau M. Hintz hätte dieses Werk den Sprung vom Manuskript zum druckfertigen Buch nie geschafft. Es ist uns ein großes Anliegen, ihr an dieser Stelle explizit für ihren großen Einsatz zu danken.

Berlin, im September 2005 J.-F. Roulet, J. Viohl, K.-R. Jahn

Inhaltsverzeichnis

1	Einleitung	1
2	**Voraussetzungen**	3
2.1	Allgemeines	3
2.2	Wahl des Themas und des wissenschaftlichen Betreuers	4
2.3	Formale Voraussetzungen	5
2.4	Computer	7
3	**Struktur einer Dissertation**	11
3.1	Allgemeines	11
3.2	Kurze Charakterisierung der einzelnen Kapitel	13
3.2.1	Einleitung	13
3.2.2	Literaturübersicht	15
3.2.3	Zielstellung	16
3.2.4	Material und Methode	16
3.2.5	Ergebnisse	17
3.2.6	Diskussion	18
3.2.7	Klinische Hinweise	19
3.2.8	Schlussfolgerungen	20
3.2.9	Zusammenfassung	20
3.2.10	Summary	21
3.2.11	Literaturverzeichnis	21
3.2.12	Verwendete Geräte und Materialien	21
3.2.13	Tabellen- und Bildanhang	21
3.2.14	Danksagung	22
3.2.15	Lebenslauf	22
4	**Praktisches Vorgehen**	23
4.1	Suche nach einem geeigneten wissenschaftlichen Betreuer	23
4.2	Das erste Gespräch	25
4.3	Anmeldung der Dissertation	27
4.4	Der erste Entwurf	27
4.5	Festlegen der Experimente	27
4.5.1	Allgemeines	27
4.5.2	Wichtige Hinweise bei bewilligungspflichtigen Experimenten	28
4.5.2.1	Arzneimittel-Prüfung am Menschen	28

4.5.2.2	Klinische Prüfung dentaler Produkte (Medizinprodukte)	29
4.5.2.3	Tierversuche	32
4.5.2.4	Arbeiten mit Röntgenstrahlen oder radioaktiven Isotopen	33
4.6	Durchführung der Experimente	36
4.7	Dokumentation der Experimente	36
4.8	Vorstellung der Ergebnisse	37
4.9	Diskussion	37
5	**Reinschrift der Dissertation**	**39**
5.1	Allgemeines	39
5.2	Schriftart und Darstellung	40
5.3	Umfang	47
5.4	Sprache	47
5.5	Einheiten	49
5.6	Tabellen und Abbildungen	52
5.6.1	Allgemeines	52
5.6.2	Drucktechnische Hinweise für Fotografien, grafische Darstellungen und Tabellen	53
5.6.3	Formeln	61
5.7	Literaturzitate	61
5.7.1	Allgemeines	61
5.7.2	Zitate im Text	69
5.7.3	Literaturverzeichnis	69
5.8	Durchsicht der Arbeit	78
6	**Eröffnung des Promotionsverfahrens**	**79**
7	**Druck der Dissertation**	**83**
8	**Promotion**	**85**
9	**Anhang**	**87**
9.1	Umrechnungstabelle für nicht zum SI-System gehörende Einheiten in SI-Einheiten	87
9.2	Buchstabensymbole für dezimale Vielfache und Teile von Einheiten	88
9.3	Allgemeine Abkürzungen gemäß der „World Medical Periodicals"	89
9.4	Auswahl medizinischer und verwandter Zeitschriften und Buchreihen	95
9.5	Checkliste zum Einreichen einer Dissertation	116
10	**Weiterführende Literatur**	**117**
11	**Sachregister**	**121**

Seiten		
1 – 2	Einleitung	1
3 – 10	Voraussetzungen	2
11 – 22	Struktur einer Dissertation	3
23 – 38	Praktisches Vorgehen	4
39 – 78	Reinschrift der Dissertation	5
79 – 82	Eröffnung des Promotionsverfahrens	6
83 – 84	Druck der Dissertation	7
85 – 86	Promotion	8
87 – 116	Anhang	9
117 – 120	Weiterführende Literatur	10
121 – 126	Sachregister	11

1 Einleitung

Früher oder später wird sich jeder Zahnmedizinstudent* oder Zahnmediziner mit der Frage befassen, ob er promovieren soll oder nicht. Am ehemaligen Fachbereich für Zahn-, Mund- und Kieferheilkunde der Freien Universität Berlin zeigte die Statistik, dass ca. die Hälfte aller approbierten Zahnärzte ihre akademische Ausbildung mit der Promotion abschließen. Die Motivation, dies zu tun, ist vielfältig und sicherlich sehr individuell geprägt. Da ist zum einen der Wunsch, die eigene wissenschaftliche Neugier zu befriedigen. Zum anderen soll aber der Erwerb eines akademischen Grades auch zur Abrundung der eigenen beruflichen Entwicklung dienen. Dies ist erfahrungsgemäß oftmals nach einigen Jahren Praxiserfahrung der Fall. Auch der Wunsch, sich im beruflichen Wettbewerb einen deutlichen Vorteil verschaffen zu können, ist als Motiv nicht selten.
Sinn und Zweck der Promotion sind aus akademischer Sicht recht klar. Die Dissertation gilt als Nachweis dafür, dass der Doktorand in der Lage ist, unter Anleitung ein wissenschaftliches Problem zu erkennen, Wege zu seiner Lösung zu finden oder zu entwickeln und die Ergebnisse seiner wissenschaftlichen Arbeit schriftlich darzustellen. Damit wird die Promotion zu einer begrüßenswerten und im Grunde notwendigen Ergänzung der vorwiegend berufspraktischen Ausbildung während des Studiums, weil die Tätigkeit als Zahnarzt nicht nur durch das fachliche Können erfolgreich wird, sondern in gleicher Weise durch eine Schulung des wissenschaftlichen Denkens. Für eine Dissertation wird ein wissenschaftliches Problem exemplarisch und detailliert bearbeitet. Dabei trägt der Doktorand ein kleines Mosaiksteinchen zum großen Bild der fachlichen Erkenntnis bei. Er kann anschließend wissenschaftliche Veröffentlichungen hinsichtlich ihrer Wertigkeit besser beurteilen.
Da die Dissertation fast immer ein Erstlingswerk ist, bedarf es der Zusammenarbeit und Anleitung durch einen wissenschaflichen Betreuer (Doktorvater). Dies wird zur Folge haben, dass dessen Vorstellungen und Erfahrungen die Arbeit nicht nur von der Fragestellung, sondern auch von der Gliederung und vom Ausdruck her beeinflussen werden. Für die Doktorväter und Betreu-

---

* Bezeichnungen für akademische Grade sowie für Personen, Funktionen und Berufe gelten unabhängig von ihrer grammatikalischen Form sowohl für weibliche als auch für männliche Träger und Personen.

er bedeuten Dissertationen einerseits viel Arbeit, andererseits sind sie ein wirkungsvolles Instrument, um die eigene Forschungskapazität zu vergrößern. Aus dieser Sicht muss die Universität ein großes Interesse daran haben, dass sich viele Absolventen zur Promotion entschließen. Ferner sind Literaturstudium, Planung und Durchführung der Experimente für die Dissertation sowie ihre Abfassung ein guter Prüfstein dafür, ob der Absolvent sich für wissenschaftliches Arbeiten begeistern kann und vielleicht für eine akademische Laufbahn geeignet ist, die ohne Promotion nicht beschritten werden kann. Zugleich ist dies ein weiterer Grund, warum aus universitärer Sicht viel Wert auf die Betreuung von Doktoranden gelegt werden muss.
Abschließend sollen noch ein paar Begriffe erläutert werden, die man beherrschen sollte. Das Verfahren zur Erlangung des akademischen Doktorgrades wird als Promotion bezeichnet. Derjenige, der dieses Verfahren durchläuft, ist ein Promovend. Entscheidende Voraussetzung für das Eröffnen des Verfahrens ist das Vorliegen einer vom Antragsteller geschriebenen Dissertation. Derjenige, der eine Dissertation anfertigt, ist ein Dissertant.
Im medizinischen Bereich können abhängig von der Universität folgende Doktorgrade erworben werden:

- Doctor medicinae (Dr. med.) für Ärzte,
- Doctor medicinae dentariae (Dr. med. dent.) für Zahnärzte,
- Doctor rerum medicarum (Dr. rer. med.) für nicht medizinische Akademiker, die im medizinischen Bereich tätig sind,
- Doctor rerum curae (Dr. rer. cur.) für Pflegewissenschaftler.

2 Voraussetzungen

2.1 Allgemeines

Der Entschluss zur Promotion ist gefasst. Damit stellt sich die Frage, welche Voraussetzungen erfüllt sein müssen, um diesen Entschluss umzusetzen. Entscheidend ist der feste Wille, sich den Mühen einer wissenschaftlichen Arbeit zu unterziehen. Nur halbherzig betriebene Promotionsvorhaben werden erfahrungsgemäß selten etwas. Als nächstes muss man sich über den Zeitaufwand im Klaren sein. Idealerweise sollte so viel Zeit zur Verfügung stehen, dass die Arbeiten zur Dissertation Priorität haben und möglichst als Hauptaufgabe erledigt werden können. Eine gute Lösung ist es auch, wenn das Thema der Dissertation in ein Arbeitsgebiet des Doktorvaters fällt und der Doktorand in der betreffenden Abteilung tätig ist. Somit können allgemeine Forschungsaufgaben mit der Dissertation verbunden werden. Diese guten Voraussetzungen gelten in der Regel aber nur für wissenschaftliche Mitarbeiter der Universitätskliniken.

Ungünstige Voraussetzungen sind dann gegeben, wenn die Arbeiten für die Dissertation nach einem langen Arbeitstag als Assistent oder Partner in der Niederlassung als Zahnarzt nebenbei geleistet werden müssen. Fast aussichtslos wird das Unterfangen, wenn die Arbeiten mit den Belastungen bei der Neueinrichtung einer eigenen Praxis konkurrieren. Ebenso zum Scheitern verurteilt ist der Versuch, die vollständige Auslastung beim Staatsexamen mit den Arbeiten für eine Dissertation verbinden zu wollen.

Als günstig hat sich folgendes Vorgehen erwiesen: Der Doktorand erhält als Student das Thema, arbeitet sich möglicherweise noch während des Studiums in die Thematik ein und trifft alle Vorbereitungen, um nach Abschluss des Examens zügig mit der Durchführung der notwendigen experimentellen Untersuchungen zu beginnen und schließt diese noch vor der Aufnahme der zahnärztlichen Tätigkeit ab.

> Der zeitliche Ablauf muss sehr gut bedacht und geplant werden. Ferner ist grundsätzlich davon auszugehen, dass experimentelle Arbeiten immer länger dauern, als man vorab annimmt.

2.2 Wahl des Themas und des wissenschaftlichen Betreuers

Das erste, was der Doktorand braucht, ist ein Thema oder eine Idee. Am besten wäre es, wenn man selber eine Idee hat oder durch die praktische Arbeit mit einem Problem konfrontiert wurde, das man durch eigenes Forschen gerne lösen möchte. Zumindest sollte man ein Interessengebiet haben, in welchem das eigene Herz höher schlägt. Wer keine eigenen Ideen hat, kann nur hoffen, dass der Doktorvater oder Betreuer eine solche hat, was aber erfahrungsgemäß die weniger günstige Ausgangslage darstellt.
Kann man Themenarten voneinander differenzieren? Durchaus, wie die nachstehende Aufstellung zeigt:

Themenarten

- Laborgestützte, experimentelle Untersuchung
- Klinische (experimentelle) Studie
- Epidemiologische Untersuchung
- Medizinhistorische Arbeit

Was sind jedoch die spezifischen Vor- und Nachteile? Die nachfolgende Aufstellung informiert darüber grob:

Vor- und Nachteilabwägung

Form der wiss. Arbeit	Vorteil	Nachteil
Laborgestützte experimentelle Arbeit	Selbstbestimmter Fortschritt, präzise, schnelle Ergebnisse	Instrumenteller und technischer Aufwand, Abhängigkeit von Geräten und Materialien, Zeitaufwand
Klinische Untersuchung	Durchführung in der normalen Arbeitszeit, geringer, gestreckter zeitlicher Aufwand	Langfristiger Prozess (Beobachtungsdauer), keine aktuellen Ergebnisse, schwierige Kontrolle der Untersuchungsklientel
Epidemiologische Untersuchung	Selten apparative oder instrumentelle Probleme	Klientelsuche
Medizinhistorische Arbeit	Keine apparativen oder instrumentellen Probleme, selbstbestimmter Arbeitsablauf	Wissenschaftlichkeit mitunter umstritten, unklarer Arbeitsaufwand, schwierige Quellensuche

> Die Motivation, hart zu arbeiten, ist bei Eigeninteresse viel größer. Die Perspektive auf den Doktorhut alleine ist in der Regel zu wenig Motivation, um den langen und mühsamen Weg dorthin erfolgreich beschreiten zu können.

Somit ist die nächste Voraussetzung zu klären: Man benötigt einen Doktorvater. Dieser muss ein habilitierter Angehöriger der Universität sein, der kraft seines Amtes zu selbstständiger Forschertätigkeit befugt ist und unter dessen Namen die Arbeit später auch eingereicht wird. Da jeder Doktorvater nur eine endliche, in der Regel eher kleine Anzahl von Doktoranden selbst betreuen kann, ist es üblich, dass in der Forschung erfahrene, von der Universität angestellte Zahnärzte die Dissertationen mit betreuen. Die endgültige Arbeit wird dann vom Doktorvater übernommen und schließlich auch begutachtet.

Des Weiteren gibt es eine Reihe von formalen Voraussetzungen, die erfüllt sein müssen:

2.3 Formale Voraussetzungen

Hat der Promovend ein Thema erhalten, ist das Promotionsverfahren üblicherweise anzumelden. Meist gibt es dazu im Dekanat ein Formblatt (s. S. 6). Dabei sind vorzulegen:

- eine Bescheinigung über die Immatrikulation im Studiengang Medizin bzw. Zahnmedizin oder der Nachweis über ein abgeschlossenes Studium der Humanmedizin bzw. Zahnmedizin,
- Name und Fachrichtung des oder der die Dissertation betreuenden Hochschullehrers oder Hochschullehrerin,
- der Arbeitstitel der Dissertation,
- Name und Anschrift des Doktoranden oder der Doktorandin und
- ein polizeiliches Führungszeugnis, das nicht älter als drei Monate sein darf. Damit ist der Nachweis zu erbringen, dass keine strafrechtlich relevanten Hindernisse vorliegen.

Mit demselben Thema darf nicht an einer anderen Universität ein Promotionsversuch unternommen worden sein.
Die gleichzeitige Anmeldung von mehreren Promotionsverfahren ist unzulässig.
Bewerber, die ihre zahnärztliche Ausbildung im Ausland erhalten haben, müssen nachweisen, dass ihre Ausbildung der Ausbildung in Deutschland gleichgestellt ist.
Über die Gleichwertigkeit zahnärztlicher Prüfungen, die außerhalb des Geltungsbereiches des Grundgesetzes abgelegt wurden, entscheidet die Zen-

---

Anmeldung eines Promotionsverfahrens
zum Dr. med. Dr. med. dent.
nach der Promotionsordnung der Medizinischen Fakultät der Charité – Universitätsmedizin
Berlin vom   2005

Name, Vorname: ....

Geburtsdatum/-ort: ....

Anschrift: ....

Arbeitsbeginn (Monat/Jahr): ....

Arbeitstitel der Dissertation: ....

....

....

....

....

....
Unterschrift   Unterschrift UND Stempel
der/s Doktorandin/en: der/s betreuenden Hochschullehrerin/s

Die gleichzeitige Anmeldung mehrerer Promotionsvorhaben eines Doktoranden ist unzulässig. Die angemeldeten Themen dürfen ohne erfolgreichen Abschluss des Promotionsverfahrens nicht einer dritten Stelle zugängig gemacht werden.

Als Anlage ist beizufügen:
- das Zeugnis der Ärztlichen oder Zahnärztlichen Prüfung (Kopie reicht aus) <u>oder</u>
- Immatrikulationsbescheinigung im Studiengang Medizin oder Zahnmedizin der Charité
- eine Erklärung, dass die an der Charité geltende Richtlinie der guten wissenschaftlichen Praxis zur Kenntnis genommen wurde. (www.charite.de/forschung/index.html)

---

tralstelle für ausländisches Bildungswesen beim Sekretariat der Ständigen Konferenz der Kultusminister der Länder der Bundesrepublik Deutschland, Linnéstr. 8, 53113 Bonn (Tel.: 0228/501-0).
Die angeforderten Unterlagen sind länderspezifisch. In der Regel werden folgende Unterlagen verlangt:

- alle Schulabschlusszeugnisse (in Analogie zum Abitur),
- Fächer- und Notenübersichten des gesamten Studiums,
- Nachweis über den Abschluss des Studiums.

In der Regel sind die Unterlagen in Deutsch oder Englisch einzureichen. Falls Übersetzungen notwendig sind, müssen diese beglaubigt sein. Es wird empfohlen, sich vor dem Einreichen der Unterlagen bei der Zentralstelle für ausländisches Bildungswesen hinsichtlich Art und Umfang derselben zu erkundigen.

2.4 Computer

Grundsätzlich könnte man eine Dissertation ohne Computer schreiben. Doch das Schreiben mit Schreibmaschine, so wie es früher geschah, ist schon lange passé; es ist zeitaufwändig bei Korrekturen, da dann in der Regel alles neu geschrieben werden muss. Bildlich gesehen würde das bedeuten, hoch zu Ross im Stadtzentrum einkaufen zu gehen oder anders gesagt, es ist heute kaum noch vorstellbar, ohne den Einsatz eines Computers wissenschaftlich zu arbeiten oder zu publizieren. Daher sollte unbedingt sichergestellt sein, dass ein uneingeschränkter Zugang zum Computer besteht oder noch besser man selber ein solches Gerät besitzt. Ferner sollte man mit dem Doktorvater vereinbaren, dass ein Zugang zum Intranet der Universität gewährt wird. Das ist sehr wichtig in Bezug auf Literaturrecherchen (s. u.).
Ein Computer ohne Programme ist wie eine Stereoanlage ohne CDs. Daher ist es wichtig, sich mit den zur Verfügung stehenden Programmen zu befassen. Moderne Programme sind so gestaltet, dass man nach Erlernen der grundsätzlichen Funktionen relativ schnell damit umgehen kann, ohne viel lernen zu müssen. Allerdings ist es sinnvoll, sich wichtige Funktionen genau zu merken, da sie die Arbeit wesentlich erleichtern (z. B. Verwendung von Vorlagen: s. Kap. 5 S. 41ff.). An erster Stelle steht ein leistungsfähiges Büroprogrammpaket, z. B. MICROSOFT OFFICE. Genau wie bei Konkurenz-Software besteht MS OFFICE aus vielen Programmen, die nicht alle für eine Dissertation verwendet werden müssen. Es soll hier nur auf die für wissenschaftliches Arbeiten wesentlichen Programme eingegangen werden.

- Im Textverarbeitungsprogramm (z. B. WORD) ist neben allen Formatierungshilfen die Gliederungsfunktion wichtig, die hilft, ein großes Werk zu überblicken. Man kann einfach mit der Gliederung (Titel der Kapitel, Unterkapitel, Unter-Unterkapitel usw.) beginnen und später die Texte an den entsprechenden Stellen einfügen. Spätere Änderungen in den Gliederungsebenen werden automatisch umgesetzt. Ein weiterer Vorteil sind die Funktionen wie automatische Seitenzahlnummerierung, Verschieben von Abschnitten und die Suchfunktion. Nicht zu vergessen ist die inte-

grierte Rechtschreib- und Grammatikprüfung, die ein erstes Korrekturlesen ersetzt, nicht aber die minutiöse Überprüfung durch den Autor persönlich oder noch besser durch einen sprachgewandten, fachlich versierten Kollegen.
- Das nächste wichtige Programm ist ein Datenbankprogramm (z. B. EXCEL). Dieses Programm ist hervorragend geeignet zur Erfassung von Daten in Tabellenform. Hier lohnt es sehr, sich vor Beginn der Experimente genaue Gedanken über die Struktur der Tabellen zu machen. Dies ist insbesondere dann wichtig, wenn man plant, Daten aus EXCEL in ein anderes Programm zu exportieren (z. B. SPSS). Wenn man die Struktur der Dateien von Anfang an richtig wählt, spart man sich später umfangreiche und zeitaufwändige Umformatierungen. Excel bietet ein leistungsfähiges Paket, um aus Tabellen Grafiken (Balken-, Tortendigramme usw.) herzustellen. Dieses ist gut geeignet, um in einem ersten Anlauf die eigenen Daten rein deskriptiv darzustellen. Will man mit einer Statistiksoftware (z. B. SPSS, s. u.) arbeiten, so würde es sich anbieten, die Daten direkt in dieses Programm einzugeben, da der Export von Daten dann entfallen würde. Auch solche Programme bieten mittlerweile umfangreiche Tools zur Erstellung von Grafiken aus den Rohdaten. Die Grafiken lassen sich dann meist über „Kopieren in die Zwischenablage" und „Einfügen" in den laufenden Text oder den Anhang integrieren. Farbige Grafiken sollten nur dann erstellt werden, wenn diese tatsächlich später auch farbig gedruckt werden, was in der Regel sehr teuer ist. Ansonsten sollte man farbige Grafiken „schwarz-weiß-tauglich" erstellen, indem man z. B. die Balken von Balkendiagrammen mit verschiedenen Grautönen oder veränderten Texturen (z. B. Schraffierungen) versieht.
- Einige Kenntnisse in der Anwendung von POWERPOINT sind sicherlich hilfreich, wenn es darum geht, die Arbeit oder Teile davon vorzustellen. Wenn man hier in die Zukunft denkt, so ist es sehr empfehlenswert, sich einmal auf einen Stil bezüglich der Vorlage festzulegen, den man dann möglichst nicht mehr verlässt. Das hat den Vorteil, dass man Folien von einer Präsentation in die andere kopieren kann, ohne dass sich die Formatierungen (Schriftart, Farbe usw.) verändern.
- Schließlich ist ein Programm für den Internetzugang (z. B. MS EXPLORER) sehr wichtig, denn damit schafft man sich für Recherchen ein „Fenster zur Welt". Für Literaturrecherchen genügt im Allgemeinen nicht ein privater Internetzugang. Damit bekommt man zwar Zugang zu den wichtigsten Literaturdatenbanken, wie „PUBMED". Diese liefern aber kostenlos nur die Referenzdaten (Autor, Titel, Quelle und meist eine kurze Zusammenfassung (Abstract)). Will man die ganze Arbeit einsehen, so benötigt man den Zugang zu den Daten der Verlage, die in der Regel über Abonnements der Universitätsbibliotheken zugänglich gemacht werden. Deshalb ist der Zugang zum Universitätsintranet essenziell. Diese sehr komfortablen Lösungen zur Literaturrecherche bzw. zu den Originalarbeiten über Online-Zugang entbinden den Dissertanten nicht vom Gang in die Bibliothek, um

in Literaturregistern der gefundenen Arbeiten nach weiteren Quellen zu suchen. Dies ist insbesondere bei der Suche nach Publikationen in deutscher Sprache wichtig, da solche oft nicht in den internationalen Datenbanken erfasst sind. Gegen Gebühr kann man sich mittlerweile entweder per E-Mail (PDF-Datei) oder in kopierter Version bei einer Zentralbibliothek Originalarbeiten zusenden lassen, die sonst per Abonnement oder in der lokalen Universitätsbibliothek nicht verfügbar sind.

Neben diesen „Kernprogrammen" werden aber noch weitere wichtige Funktionen benötigt, um erfolgreich wissenschaftlich zu arbeiten:

- Ein Literatur-Daten-Verwaltungsprogramm (z. B. ENDNOTE) macht das Leben wesentlich einfacher. Ein solches Programm ersetzt im Wesentlichen die alte Literaturkartei. Der Vorteil ist nicht nur, dass man die Literaturdaten von Datenbanken mit speziellen Filtern (z. B. MEDLINE) direkt importieren kann, sondern auch, dass ein solches Programm mit dem Textverarbeitungsprogramm zusammenarbeitet. Das bedeutet, dass man beim Schreiben des Textes die Literaturstelle aus dem Datenbankprogramm importieren kann. Das Textverarbeitungssystem erstellt dann den Hinweis auf die Literatur im Text in der gewünschten Form und zum Schluss aufgrund der vom Autor vorgegebenen Formatierungen die Literaturliste am Ende des Werkes.
- Da heute in der Regel Abbildungen (Zeichnungen und Fotos) elektronisch erstellt und in den Text eingebunden werden, benötigt man ein leistungsfähiges Grafikprogramm (z. B. CORELDRAW) und ein Programm zur Nachbearbeitung von Bildmaterial (z. B. CORELDRAW, PHOTO-PAINT oder ADOBE PHOTOSHOP).
- Elektronische Bilddateien müssen auch verwaltet werden. Hier ist sehr zu empfehlen, sich ein Programm zu beschaffen, welches viel Komfort in der Handhabung bietet, d. h. mit welchem sich die Abbildungen schnell und übersichtlich am Bildschirm darstellen lassen (z. B. THUMBS).
- Wurden in der Arbeit Messwerte erhoben, was die Regel ist, so müssen diese statistisch aufgearbeitet werden. Es muss festgestellt werden, ob gefundene Unterschiede wirklich aufgrund der Experimente herausgekommen sind (statistisch signifikanter Unterschied) oder ob sie sich rein zufällig ergeben haben. Hierzu dient die statistische Analyse der Daten, die heute mit leistungsfähigen Programmen (z. B. SPSS) erledigt werden kann.

Es liegt auf der Hand darauf zu achten, dass der eigene Computer vorbehaltlos mit dem Computer des Betreuers kompatibel ist. Die Erfahrung zeigt, dass in diesem Fall der Doktorand sehr viel von der Infrastruktur der betreuenden Abteilung profitieren kann. Somit ist ein intensives Gespräch mit einem erfahrenen Computernutzer eine sehr gute zeitliche Investition, die sich später mit einer vielfachen Rendite bezahlt macht.

Wenn auch etwas teurer und weniger gut bedienbar, ist doch die Empfehlung auszusprechen, sich einen Notebook-Computer anzuschaffen. Die sich daraus ergebene Mobilität ist von großem Vorteil, auch in der Kommunikation mit dem Doktorvater.

Man bedenke, dass infolge ihrer Komplexität die Dateien immer größer werden, insbesondere wenn Bildmaterial mit eingebunden wird. Für eine gute Druckqualität benötigt man mindestens 300 dpi (dots per inch) im gewünschten Format. Daher ist es empfehlenswert, dass der Computer einen CD- oder DVD-Brenner enthält, um große Dateien weitergeben zu können (selbst mit leistungsfähigen USB-Memo-Sticks kann man an die Grenze der Speicherkapazität kommen). Schließlich ist die Beschaffung einer externen Festplatte zur Datensicherung sehr zu empfehlen. Nichts ist ärgerlicher, als Daten (Bilder, Texte oder noch schlimmer Rohdaten der Auswertung von Experimenten) wegen eines „Computerabsturzes" zu verlieren. Man kann eigentlich nie genug Datensicherung betreiben.

Beim Kauf eines neuen Computers muss sich aber jeder im Klaren sein, dass am Tag des Kaufes das Gerät bereits veraltet ist, weil die Entwicklung auf dem Gebiet der PC schnell voranschreitet. Dies hat aber den Vorteil, dass es viele preisgünstige Angebote an gebrauchten Computern gibt, die zwar nicht unbedingt mit dem höchsten Komfort und der größten Schnelligkeit beim Arbeiten aufwarten, aber durchaus alles bieten, was zur Erstellung einer Dissertation erforderlich ist.

3 Struktur einer Dissertation

3.1 Allgemeines

Bevor man nun ans Werk geht, sollte man sich grundsätzlich Gedanken über die Struktur einer wissenschaftlichen Arbeit machen. Wegen des Umfangs (s. Kap. 5.3) einer Dissertation und um Auslassungen oder Wiederholungen zu vermeiden, ist eine sorgfältige, detaillierte Gliederung hilfreich. Das Nachschauen in anderen Dissertationen kann Hinweise geben, aber nie als verlässliche Leitlinie dienen. Wie bei allen wissenschaftlichen Arbeiten ist eine Orientierung an folgender Gliederung möglich:

Gliederung der Dissertation

Kapitel	Anteil (%)
Einleitung	2-3
Literaturübersicht	20-25
Zielstellung	3-5
Material und Methode	15-20
Ergebnisse	20-25
Diskussion	20-25
Schlussfolgerungen	3-5
Zusammenfassung	3-5
Literaturverzeichnis	

Alle Kapitel werden mit arabischen Zahlen durchnummeriert. Die Nummerierung der Unterkapitel wird nachgestellt und durch einen Punkt von der Ziffer des Hauptkapitels abgetrennt (Dezimalklassifikation). Es erhöht die Übersichtlichkeit, wenn die Ziffern in Dreiergruppen zusammengefasst werden. Legt man dem Doktorvater die Gliederung vor, so sind beim Schreiben schwerwiegende Fehler oder Ungeschicklichkeiten vermeidbar.
Werden Vorversuche gemacht und setzt sich der experimentelle Teil aus mehreren Versuchen zusammen, so gibt es grundsätzlich zwei Wege, den Stoff aufzugliedern.
Die erste Möglichkeit besteht darin, dass man sich streng an die Grundstruktur anlehnt. Dann sieht die Gliederung folgendermaßen aus:

1	Einleitung	
2	Literaturübersicht	
3	Material und Methode	
3.1	Vorversuche	
3.2	Versuch 1	
3.3	Versuch 2	
usw.		
4	Resultate	
4.1	Vorversuche	
4.2	Versuch 1	
4.3	Versuch 2	
usw.		
5	Diskussion	
5.1	Vorversuche	
5.2	Versuch 1	
5.3	Versuch 2	
usw.		
6	Zusammenfassung	
6.1	Deutsche Zusammenfassung	
6.2	Englische Zusammenfassung	
7	Literaturverzeichnis	

Es ist oft übersichtlicher, von der übergeordneten Gliederung abzuweichen und jedes Experiment wie eine eigene Publikation abzuhandeln. Die Gliederung würde dann wie folgt aussehen:

1	Einleitung
2	Vorversuche
2.1	Einleitung
2.2	Literaturübersicht
2.3	Material und Methode
2.4	Ergebnisse
2.5	Diskussion
3	Versuch 1
3.1	Einleitung
3.2	Literaturübersicht

> 3.3 Material und Methode
> 3.4 Ergebnisse
> 3.5 Diskussion
> 4 Versuch 2
> 4.1 Einleitung
> 4.2 Literaturübersicht
> 4.3 Material und Methode
> 4.4 Ergebnisse
> 4.5 Diskussion
> usw.
>
> 5 Zusammenfassende Diskussion
>   und Schlussfolgerungen
> 6 Zusammenfassung
> 6.1 Deutsche Zusammenfassung
> 6.2 Englische Zusammenfassung
> 7 Literaturverzeichnis

Jede Dissertation sollte zum Schluss mit folgenden Kapiteln ergänzt werden:

- Klinische Hinweise (sofern das Thema klinische Bezüge zulässt)
- Schlüsse
- Zusammenfassung
- Summary (= Zusammenfassung in Englisch)
- Verwendete Geräte und Materialien
- (evtl.) Anhang (z. B. für umfangreiche Tabellen)
- Danksagung
- Lebenslauf.

Die im nachfolgenden Kapitel 3.2 dargestellten Teile einer Dissertation haben sich beim Abfassen des Textes bewährt. Das schließt nicht aus, dass eine Dissertation, ein Betreuer oder die universitären Regelungen eine Abweichung nahe legen.

3.2 Kurze Charakterisierung der einzelnen Kapitel

3.2.1 Einleitung

Durch die ein- bis zweiseitige Einleitung soll der Leser zum einen zum Thema hingeführt werden, zum anderen erkennen, dass die Arbeit ein wissenschaftliches Bedürfnis befriedigt.

Einleitung

ZIEL	METHODIK	UMFANG
Leser (interessierter Zahnarzt) • zum Thema hinführen • für das Thema interessieren	vom Allgemeinen zum Speziellen	1 - 2 Seiten
	am Ende klare Benennung der Zielstellung	

Wie erreicht man diese beiden Ziele? Im Sinne einer Gedankenkette sollte man vom Allgemeinen zum Speziellen seine Vorstellungen formulieren. An einem Beispiel soll dies verdeutlicht werden. Nehmen wir an, der Doktorand soll in einer klinischen Untersuchung ein neu entwickeltes Kompositmaterial vergleichend auf seine Tauglichkeit als Füllungswerkstoff prüfen, dann würde sich folgende Gedankenkette anbieten:

Vom Allgemeinen zum Speziellen
Beispiel: klinische Prüfung eines neuen Komposits

- Aufgabe des Zahnarztes – Sicherung der Funktionsfähigkeit des oro-facialen Systems
- Eigene Zähne sichern diese am besten
- Klinische Erfahrung: Zahnverlust
- Wichtigste Ursachen: Karies und Folgeerkrankungen
- Trotz Präventionserfolge ist die Therapie wichtig für den Zahnerhalt
- Langfristige Erfolge der Füllungstherapie sind diskutierbar
- Ursache hierfür oftmals Mängel des Füllungsmaterials
- Komposits dominieren als Füllungswerkstoffe
- Materialeigenschaften der Komposits verbesserungswürdig
- Verbesserungen vorhandener bzw. Entwicklung neuer Komposits geboten
- Klinische Prüfung neuer Materialien liefert letzten Aufschluss hinsichtlich Tauglichkeit
- „Aufgabe der vorliegenden Arbeit ist demzufolge ..."

Nach dem Lesen der Einleitung soll der Leser wissen,

- worum es in der vorliegenden Arbeit geht,
- welcher Erkenntnisgewinn zu erwarten und
- ob die Arbeit für ihn von Interesse ist.

3.2.2 Literaturübersicht

Das Ziel der Literaturrecherche besteht zum einen darin, das themenrelevante Wissen zusammenzutragen und nach kritischer Wertung schließlich dem Leser zusammengefasst mitzuteilen. Zum anderen sollte das endgültige Studiendesign erst nach der Recherche festgelegt werden, da spätere Korrekturen desselben auf der Grundlage neuerer Literaturkenntnisse erfahrungsgemäß schwierig zu realisieren sind.

Literaturübersicht

ZIEL	METHODIK	UMFANG
Darstellung des themenrelevanten Wissens	Gliederung nach sachlichen Gesichtspunkten, nicht nach Quellen	15 – 20 Seiten
	WERTENDE Beschreibung des Wissens	
	Darstellung von Widersprüchen	

Hinweise

- Zusammenfassung nach längeren Abschnitten
- Hinweise auf zusammenfassende Literaturquellen
- Ein oder zwei tiefgründige Literaturanalysen
- Leseerleichterung: Tabellen Grafiken, Diagramme, Abbildungen

Dieses Ziel wird erreicht, indem kritisch und nicht referierend zusammengefasst wird, was bisher zu dem Thema bekannt oder gesagt worden ist. Auf keinen Fall sind die einzelnen Veröffentlichungen chronologisch abzuhandeln (Ausnahme: wissenschaftshistorische Arbeiten), sondern entsprechend der eigenen Untergliederung nach sachlichen Gesichtspunkten anzuordnen. Das bedeutet, dass Veröffentlichungen mehrfach angeführt werden können, wenn sie z. B. Aussagen sowohl zu den beeinflussenden Faktoren als auch zum Versuchsaufbau oder zu den Ergebnissen enthalten. Die Gliederung wird bevorzugt nach sachlichen, selten nach chronologischen Gesichtspunkten erfolgen. Widersprüchliche Aussagen sind einander gegenüberzustellen. Falsche oder offenbar falsche Ansichten sollen als solche qualifiziert werden. Das Anführen solcher Veröffentlichungen ist in der Regel nur bei historischen Darstellungen gerechtfertigt.

Zuweilen führt die für das Verständnis notwendige Darstellung von Widersprüchen und Gegensätzen beim Leser zu Verwirrung. Sinnvoll ist deshalb nach einem längeren Abschnitt eine Zusammenfassung des bisher Dargelegten. Auch der ausdrückliche Hinweis auf eine bevorzugt jüngere Quelle, die das bekannte Wissen zu einem bestimmten Sachverhalt zusammenfasst, ist hilfreich. Abhängig vom Thema ist es im Regelfall nahezu unmöglich, das gesamte bekannte Wissen darzustellen. Es muss demzufolge eine Auswahl getroffen werden, wobei punktuell zwei erschöpfende Darstellungen des bekannten Wissens erfolgen sollten. Dies kann z. B. in zwei die Literaturangaben zusammenfassenden Tabellen geschehen. Der Leser erkennt, dass der Autor tatsächlich die relevante Literatur gelesen hat.

Schließlich sollte der Autor auch an mögliche Lektüreerleichterungen, wie Grafiken, Diagramme oder Abbildungen, denken. Kaum etwas ist mühseliger, als 20 Seiten ununterbrochenen Text zu lesen. Zu diesen Lektüreerleichterungen gehören im Übrigen auch wörtliche Zitate, die in Anführungsstriche zu setzen sind.

Alle Aussagen im Literaturübersichtskapitel, seien es einzelne Begriffe, Sätze oder Absätze, sind mit den entsprechenden Nummern in Klammern oder mit Hinweisen auf die Quelle (AUTOR und Jahr) zu versehen. Damit wird kenntlich gemacht, worauf die Aussage beruht. Werden Autoren namentlich zitiert, wird der Name in GROSSBUCHSTABEN oder KAPITÄLCHEN geschrieben. Wird ein Autor zitiert, dessen Originalarbeit nicht zu beschaffen ist, muss das kenntlich gemacht werden: „zitiert nach 5" oder „zitiert nach AUTORENNAME" oder „zitiert nach AUTORENNAME".

3.2.3 Zielstellung

Die Zielstellung folgt als Ergebnis aus Einleitung und Literaturübersicht. Während die Darstellung des themenrelevanten Wissens in der Regel problemlos ist, stellt sich die Formulierung der Zielstellung oftmals als schwierig dar. Dieses Kapitel soll den Leser unmissverständlich und eindeutig über die Ziele der Arbeit informieren.

Im ersten Teil können die wichtigsten Ergebnisse der Literaturrecherche thesenartig und unter Hinweis auf ungeklärte Teilprobleme zusammengefasst werden. Im zweiten Teil werden davon ausgehend die durch die Arbeit zu beantwortenden Fragen konkret und präzise formuliert. Im dritten und letzten Teil werden unter Bezug auf die Fragen Arbeitshypothesen formuliert. Letztere sind vorweggenommene (wahrscheinliche) Ergebnisse, die auf den erworbenen Literaturkenntnissen und eigenen Überlegungen basieren.

3.2.4 Material und Methode

Dieses Kapitel wird fast immer in die beiden Teile „Vorversuche" und „Hauptversuche" aufzugliedern sein. Das Ziel dieses Kapitels ist, den Leser über das verwendete Untersuchungsmaterial und die gewählte Methodik zu informieren.

Material und Methode

ZIEL	METHODIK	UMFANG
Umfassende, nachvollziehbare Beschreibung der Methodik	Schrittweiser Aufbau Präzision mit Angabe der Abweichungen Illustrationen	10 - 15 Seiten
	Beachtung von Details, insbesondere solchen, die in der Literatur nicht beschrieben sind	
	Erläuterung der statistischen Methodik der Signifikanzprüfung	

Vorversuche
Dieser Abschnitt soll sich auf das Wesentliche beschränken. Man bedenke aber, dass die Darstellung misslungener oder nicht durchführbarer Untersuchungen Nachuntersucher vor unnötiger Arbeit und vor Fehlern bewahrt.

Hauptversuche
Der Untersuchungsgang muss so ausführlich dargestellt werden, dass der Weg für den Leser und Nachuntersucher nachvollziehbar ist. Mehr noch, er muss so genau geschildert werden, dass eine Wiederholung der Versuche durch den Leser aufgrund der Angaben zu „Material und Methode" möglich ist. Erfolgt die Untersuchung nach Normprüfungen oder anderen anerkannten Verfahren, so ist nur darauf zu verweisen, z. B. mit der Literatur-Nr. Allerdings müssen notwendige Abweichungen von einem anerkannten Verfahren angegeben werden. Ein Hinweis „Es wurde nach dem Verfahren von GENIUS gearbeitet", genügt in einer Dissertation nicht. Hier wird erwartet, dass das Verfahren kurz geschildert wird.
In das Kapitel „Material und Methode" gehören auch Angaben zum verwendeten statistischen Verfahren bei der Auswertung der Ergebnisse. Einführungen in die Statistik bieten die Bücher von SIEGEL (1956) und WALTER (1988).

3.2.5 Ergebnisse

Die Versuchsergebnisse werden einerseits im Text in nicht wertender Form beschrieben, andererseits in Tabellen und grafischen Darstellungen wiedergegeben. Allgemeine und qualitative Ergebnisse, z. B. mikroskopische Bilder oder die Resultate klinischer Untersuchungen, werden bevorzugt

Ergebnisse

ZIEL	METHODIK	UMFANG
Nicht wertende Darstellung der Ergebnisse, nur Fakten	Darstellung in Grafiken und Tabellen	15 - 20 Seiten
	Im Text wird auf die wesentlichen Ergebnisse aufmerksam gemacht, wie Gleichheiten, Ungleichheiten, Anstiege	
	Im Text nicht den Inhalt einer Tabelle erklären, dieser geht aus dem Tabellenkopf hervor	
	Zusammenfassung als Abschluss	

beschrieben (verbale Darstellung). Quantitative Versuchsergebnisse, wie Messwerte, werden überwiegend in Tabellen und/oder Grafiken dargestellt. In dieses Kapitel gehören auch die Ergebnisse der statistischen Bearbeitung der Resultate. Die gewählte Berechnungsmethode soll hier nicht im Detail beschrieben werden, da sie zum wissenschaftlichen Handwerkszeug gehört und schon im Kapitel „Material und Methode" genannt wurde. Jedoch ist darauf zu achten, dass die Zahl der Messwerte pro Variable (n), der arithmetische Mittelwert ($\bar{x}$) oder der Medianwert ($\tilde{x}$), wenn angebracht die Standardabweichung (s), das statistische Prüfverfahren, das Signifikanzniveau (α) oder andere wählbare Größen angegeben werden.

Nach der zuweilen umfangreichen Darstellung der Ergebnisse ist eine komprimierte Zusammenfassung derselben am Ende des Kapitels sinnvoll.

3.2.6 Diskussion

In diesem Kapitel wird der Leser anhand der Literaturkenntnisse und eigener Erfahrungen über

- die Möglichkeiten und Grenzen der angewandten Methode,
- die Einordnung der eigenen Resultate und
- die Ergebnisse der Prüfung der Arbeitshypothesen

informiert.

Diskussion

ZIEL	METHODIK	UMFANG
Tiefgründige Analyse • anhand der Literatur • anhand der Erwartungen	Methodenkritischer Teil	15 – 20 Seiten
	Ergebniskritischer Teil	
	Vergleich der eigenen Ergebnisse mit der Literatur	
	Verifizierung oder Falsifizierung der Arbeitshypothesen	

Während das Kapitel „Literaturübersicht" den derzeitigen Wissensstand wiedergibt und im Kapitel „Ergebnisse" Fakten neutral und ohne Wertung dargestellt werden, bietet die Diskussion die Möglichkeit der Gewichtung und Wertung. Das Kapitel „Diskussion" wird vorteilhaft in Unterkapitel gegliedert. Folgende Teilbereiche sollten diskutiert werden:

- Material und Methode (Methodenkritik): Es müssen der Versuchsaufbau und die Versuchsdurchführung diskutiert werden. Es werden Begründungen erwartet, warum man es so und nicht anders gemacht hat, warum man von anderen Vorgehensweisen abgewichen ist. Die eigene Methodik sollte mit dem Vorgehen anderer verglichen werden. Eine kurze Begründung für die Wahl des statistischen Auswertungsverfahrens gehört auch in dieses Unterkapitel.
- Ergebnisse (Ergebniskritik): Nach dem gleichen Prinzip geht man bei der Diskussion der Ergebnisse vor: Sie werden interpretiert, man sucht nach Erklärungen und vergleicht die Versuchsergebnisse kritisch mit denen anderer Untersucher, die bereits im Literaturverzeichnis angeführt wurden.

Fragen, die während der Anfertigung der Dissertation neu auftreten und die Themen für weitere wissenschaftliche Arbeiten sein könnten, sind ebenfalls darzulegen. Dazu gehören Fragen wie: Was war falsch; was kann man besser machen, und welche Probleme bestehen weiterhin?

3.2.7 Klinische Hinweise

Eine Dissertation ist eine wissenschaftliche Leistung. Sie soll aber auch die Zahnheilkunde und insbesondere die sachgerechte Behandlung der Patienten weiterbringen. Es ist darzulegen, welche Konsequenzen sich aus den Ergebnissen für die praktische, klinische Zahnheilkunde ergeben. Befasst sich die Dissertation mit einer grundlegenden Frage, sind die Schlussfolgerungen darzustellen, z. B. inwieweit sich ein Laborverfahren zur Messung einer klinischen Eigenschaft eignet.

3.2.8 Schlussfolgerungen

Hier werden ohne jedes Beiwerk die harten Schlüsse, die man aus den eigenen Ergebnissen ableiten kann, ohne Zuhilfenahme des allgemeinen Wissens noch einmal in komprimierter Form wiedergegeben. Daher besteht das Kapitel „Schlussfolgerungen" aus einer Aneinanderreihung von thesenartigen Kernsätzen.

Schlussfolgerungen

ZIEL	METHODIK	UMFANG
Knappe, präzise Beschreibung der Rückschlüsse • für Forschung • für Zahnarzt	Thesenartige Darstellung	2 - 3 Seiten
	Abgeschlossene eindeutige Aussagen	

3.2.9 Zusammenfassung

In dieser gedrängten Übersicht von einer bis maximal drei Seiten ist zusammenzustellen, was neu ist, also nichts aus dem Literaturverzeichnis. Die Zusammenfassung ist im Wesentlichen gegliedert wie die ganze Arbeit. Sie soll so gestaltet sein, dass sie dem Leser möglichst viele Fakten liefert. Er muss aufgrund der Zusammenfassung verstehen können, was in der Arbeit gemacht wurde und was dabei herausgekommen ist. Es soll hier zu finden sein, dass soundso viele Messungen nach einem bestimmten Verfahren an soundso vielen Proben durchgeführt wurden. Die Ergebnisse sind zusammenzufassen und die Folgerungen aus der Diskussion darzustellen. Es müssen Fakten zusammengestellt werden. Spekulationen und Absichtserklärungen gehören nicht in die Zusammenfassung, sondern in die Diskussion.

Zusammenfassung

ZIEL	METHODIK	UMFANG
Schnelle Information für den eiligen Leser	Kurze, präzise Beschreibung des Inhalts ohne jede Wertung oder Dialektik	1 - 3 Seiten

3.2.10 Summary

Eine englischsprachige Zusammenfassung ermöglicht Wissenschaftlern aus dem angelsächsischen Sprachraum, einen Überblick über die Dissertation zu gewinnen. Besondere Sorgfalt ist dabei auf die zutreffenden englischen Ausdrücke zu legen (z. B. heißt der Abdrucklöffel nicht „spoon", sondern „tray"). Es ist zu empfehlen, das Summary durch einen Kollegen, der das fachliche Englisch beherrscht, Korrektur lesen zu lassen.

3.2.11 Literaturverzeichnis

In dieser Zusammenstellung sind alle Veröffentlichungen anzuführen – und nur diese –, die in der Einleitung im Kapitel „Material und Methode" und im Kapitel „Diskussion" als allgemein anerkannte Arbeitsmittel in anderen Abschnitten der Dissertation verwendet wurden (z. B. bei der Versuchsauswertung: Statistik, Computerprogrammierung). Die Arbeiten sind nach dem Alphabet der Autorennamen zu ordnen und durchzunummerieren. Wird derselbe Autor mehrmals zitiert, sind die Veröffentlichungen nach dem Erscheinungsjahr in aufsteigender Reihenfolge anzugeben (weitere Hinweise s. Kap. 5.7.3). Jetzt zeigt sich, ob die Aufzeichnungen in der eigenen Literaturkartei vollständig sind. Meist wird man nicht alle gelesenen und durchgearbeiteten Arbeiten verwenden, zum Teil, weil sich eine Vermutung aus dem Titel nicht bewahrheitete, zum Teil, weil in dem Aufsatz nichts Sachdienliches oder Neues zu finden war. Entsprechend soll die Zahl der zitierten Arbeiten auf das Notwendige beschränkt bleiben. Bei einer zahnmedizinischen Dissertation sind 80 zitierte Arbeiten eine übliche Zahl. Ausnahmen hierzu bilden historische Arbeiten und Übersichten sowie Arbeiten aus Teilgebieten, in denen sehr viel oder sehr wenig geforscht wurde.

3.2.12 Verwendete Geräte und Materialien

In diesem Abschnitt werden die für die Versuche notwendigen Geräte und Instrumente sowie Materialien in einer Liste zusammengestellt. Bei Geräten und Instrumenten gehören die Angabe der Herstellerfirma, die Modell- und Größenbezeichnung, bei chemischen Substanzen die Angabe der Konzentration und des Reinheitsgrades, bei zahnärztlichen Werkstoffen die Chargenbezeichnung dazu. Auch hier gilt das Prinzip der Transparenz. Der Leser soll in die Lage versetzt werden, sich das verwendete Material oder Gerät beschaffen zu können. Deshalb sollten bei der Herstellerfirma mindestens der Ort und die Postleitzahl mit angegeben werden.

3.2.13 Tabellen- oder Bildanhang

Wenn die Dissertation sehr viele Tabellen, z. B. mit zahlreichen Einzelergebnissen, oder sehr viele Bilder, z. B. bei histologischen oder mikromorphologischen Arbeiten, enthält, wird man nur wichtige zusammenfassende Tabellen und typische Bilder in den fortlaufenden Text aufnehmen. Die Einzelwerte oder die Übersicht über die Bilder mit ihren Varianten kann man dann im Anhang finden.

3.2.14 Danksagung

Es ist sehr selten, dass eine Dissertation ohne Hilfe entsteht. Somit gehört ein kurzer Hinweis immer dazu, in welchem denen gedankt wird, die beim Zustandekommen der Arbeit in irgendeiner Art behilflich waren. Hier sind z. B. Firmen zu erwähnen, die durch Geld- oder Materialspenden die Arbeit unterstützt haben. Bei experimentellen Arbeiten wird man oft auf die Hilfe von Laboranten, Fotografen, Statistikern, Technikern usw. angewiesen sein. Auch ihnen gebührt ein Dank. Kollegen, die mit Korrekturarbeiten oder auch Ratschlägen mitgeholfen haben, freuen sich, wenn sie im Kapitel „Danksagung" erwähnt werden. Als minimale Lösung gilt der Dank an den Doktorvater für das Überlassen des Themas.

3.2.15 Lebenslauf

Dieser sollte eine Seite nicht überschreiten und in tabellarischer Form die wichtigsten persönlichen (Geburtsdatum und -ort, Heirat, Kinder) und fachlichen (Studiengang, fachliche Tätigkeit) Daten wiedergeben. Er sollte auch die wichtigsten Daten zur Dissertation enthalten. Dazu gehören, wann das Thema übernommen wurde, wann die Vor- und wann die Hauptversuche (jeweils mit Monat und Jahr) durchgeführt wurden.

4 Praktisches Vorgehen

4.1 Suche nach einem geeigneten wissenschaftlichen Betreuer

Es gibt mehrere Kriterien, sich einen wissenschaftlichen Betreuer (Doktorvater) auszusuchen.
Sicherlich spielt die Sympathie eine große Rolle. Diese muss natürlich gegenseitig sein. Es liegt auf der Hand, dass nur diejenigen etwas zustande bringen, die sich auch leiden können. Wenn hier Zweifel bestehen, sollte es im beiderseitigen Interesse liegen, sich nicht auf ein Abenteuer einzulassen. Man muss sich bewusst sein, dass auf dem Weg zu einer Dissertation viele Gesichtspunkte und unterschiedliche Ansichten geklärt werden müssen. Wenn negative emotionale Komponenten von Anfang an diese Auseinandersetzung stören, sind der Konflikt und das mögliche Scheitern vorprogrammiert.
Der wissenschaftliche Betreuer sollte auch Zeit für „seine" Doktoranden haben. Wer schon drei Monate auf den Termin für ein erstes Gespräch warten muss, sollte diesen Doktorvater nicht unbedingt in Erwägung ziehen. Umgekehrt muss jeder Doktorand abwägen: beliebte Doktorväter sind auch begehrt. Hier richtet sich der Appell gleichermaßen an die Doktorväter: Man kann nur eine kleine Anzahl Doktoranden wirklich betreuen.
Bezüglich der Intensität der Betreuung gibt es alle Schattierungen zwischen maximaler Freiheit und minimaler Betreuung bzw. maximaler Führung und genauen Vorgaben bis ins Detail. Hier sollte sich jeder Doktorand umhören, wie die Haltung des Doktorvaters in dieser Beziehung ist. Dieser Gegensatz soll genau erläutert werden:

- Maximale Freiheit und minimale Betreuung bedeuten, dass der Doktorvater/Betreuer mit dem Doktoranden das Thema bespricht, gute Ratschläge bezüglich des Ablaufes erteilt und alles, was der Doktorand produziert, innerhalb kürzester Zeit liest und kommentiert. In diesem Modell ist der Doktorand der Taktgeber. Er bestimmt, wann welcher Schritt gegangen wird und kann im Wesentlichen Inhalt und Form seiner Arbeit selbst bestimmen. Aus der Sicht des Doktorvaters ist in diesem Modell der „ideale Doktorand" derjenige, der mit einer Idee kommt, nach dem ersten Gespräch sich kaum mehr blicken lässt, dann mit einem Projektvorschlag anrückt, der kaum noch Korrekturen bedarf, und nach einigen Monaten eine erste Fassung der Dissertation abliefert, die praktisch druckreif ist. Dieses Vorgehen entbindet den Doktoranden nicht, den Doktorvater oder Betreuer regelmäßig über die einzelnen Schritte zu informieren. Die Betreuungsart ist nicht zu verwechseln mit „Nullbetreuung", wo der Doktorvater zwar ein Thema ausgibt, dann aber nie Zeit hat und Manuskripte monatelang liegen lässt, bevor er sie flüchtig gelesen und kaum kommentiert zurückgibt.

- Am anderen Ende der „Betreuungsskala" steht der Doktorvater, der seine Doktoranden als technische Assistenten in einem großen Forschungsprojekt ansieht. Hier werden in jeder Beziehung sehr genaue Vorgaben gemacht. Der Doktorvater stellt Literaturdatenbank, Statistikprogramm, Textverarbeitungssystem, Masken für die Datenerfassung usw. zur Verfügung. Die Versuchsdurchführung ist bis ins kleinste Detail festgelegt, der Schwerpunkt liegt in der minutiösen Durchführung genau vorgegebener Experimente, deren tieferen Sinn der Doktorand im negativen Fall gar nicht erkennt. Ferner ist der Doktorand in solchen Betreuungsmodellen auch an enge Terminvorgaben gebunden. Diese Art der Betreuung kann bedeuten, dass für den Doktoranden der Umfang der Arbeit sehr genau absehbar ist, auch in zeitlicher Hinsicht. Allerdings verfehlt dieses Vorgehen auch ein wenig das Ziel einer Dissertation, nämlich den Einblick in wissenschaftliches Arbeiten.

In der Realität liegt die Art der Betreuung irgendwo zwischen diesen beiden Betreuungsphilosophien.

> Jeder Doktorand sollte sich vor der Anfrage bei einem Doktorvater vorher informieren, zu welcher Betreuungsart der ins Auge gefasste Doktorvater neigt, und gemäß der eigenen Veranlagung entscheiden, mit welchem Modell er sich eher wohl fühlt.

Die Wahl des Doktorvaters muss sich natürlich auch am Fachgebiet, das er vertritt, orientieren. Hier spielen die persönlichen Interessen des Doktoranden eine wichtige Rolle. Ob nun der Doktorvater geeignet ist, auf die eigenen Interessen einzugehen, kann man herausfinden, indem man sich in der Literatur umsieht, ob er Publikationen verfasst hat, die der eigenen Interessenlage entsprechen. Wenn solche Publikationen auch in Journalen erschienen sind, die eine Begutachtung durch ein Gremium von Experten zur Pflicht machen, so hat der Doktorand gleichzeitig die Gewähr, dass der ins Auge gefasste Doktorvater das Forschungshandwerk beherrscht und als Wissenschaftler anerkannt ist.

4.2 Das erste Gespräch

Im ersten Gespräch zwischen Doktorvater und Doktorand sollten folgende Punkte geklärt werden:

- Dem Doktoranden sollten nach diesem Gespräch die Ziele und der Aufbau einer Dissertation grundsätzlich klar sein.
- Nach diesem Gespräch sollte mindestens eine Idee zum Thema im Raum stehen, oder besser noch, man sollte in der Lage sein, einen Arbeitstitel zu formulieren.
- Doktorand und Doktorvater/Betreuer sollten sich über die Art der Betreuung im Klaren sein.
- In diesem Gespräch sollten Termine geklärt sein, d. h., es muss eine Absprache erfolgen, wann welche Teile der Dissertation ablaufen sollen. Diese Terminabsprache muss vor dem Hintergrund der realistischen Möglichkeiten des Doktoranden erfolgen und sollte klar die Erwartungen des Doktorvaters/Betreuers beinhalten. Wird die Dissertation während des Studiums begonnen, so bringen die Vorbereitungen und die Prüfungen zum Staatsexamen regelmäßig eine einjährige Unterbrechung mit sich.
- In diesem Gespräch sollten auch die Modalitäten späterer Publikationen der Ergebnisse besprochen werden.

Hier einige Gedankengänge, die zu Publikationen ohne Stress bezüglich der Autorenschaft führen sollen. Es liegt auf der Hand, dass in der Regel im Endprodukt viel geistige Leistung des Doktorvaters steckt, aber auch ebenso viel Arbeit und Leistung des Doktoranden. Somit sollten beide bei einer zukünftigen Publikation berücksichtigt werden. Starre Regeln und Mechanismen kann es da nicht geben. Es wird daher folgendes offene Modell vorgeschlagen:

- Schreibt der Doktorvater oder Betreuer die Publikation aufgrund der Ergebnisse der Dissertation und stammen die Idee und der experimentelle Entwurf im Wesentlichen von ihm, so sollte der Doktorvater/Betreuer als Erstautor in der Publikation erscheinen. Die Frage der Koautorenschaft des Doktoranden liegt dann im Ermessen des Doktorvaters/Betreuers. Als Minimum müsste eine Fußnote zum Titel erscheinen, die darauf hinweist, dass die Daten im Rahmen der Dissertation des Doktoranden erarbeitet wurden.

- Das andere Extrem ist gegeben, wenn der Doktorand die Idee hatte, die Versuchsdurchführung im Wesentlichen von ihm stammt und die Arbeit ohne viel Hilfe des Doktorvaters/Betreuers zustande gekommen ist. Wenn sich dann der Doktorand selbst um das Manuskript der Publikation bemüht und der Doktorvater/Betreuer kaum Korrekturen anzubringen hat, so muss man sich grundsätzlich überlegen, ob der Doktorvater/Betreuer überhaupt noch als Mitautor in Erscheinung treten sollte.

Die Realität liegt auch hier irgendwo dazwischen. Man sollte klären, unter welchen Bedingungen der Doktorand oder der Doktorvater/Betreuer als Erstautor genannt wird.
Eine gute Faustregel ist: Wer das Manuskript verfasst, ist der Erstautor.
Um möglichen Schwierigkeiten aus dem Weg zu gehen, sollten solche Überlegungen und Abmachungen gleich im ersten Gespräch erfolgen. Manche Doktorväter/Betreuer legen den Doktoranden gleich einen Vertrag vor, der solche Dinge regelt. Läuft das Dissertationsvorhaben im gegenseitigen Einverständnis ab, ist ein solcher Vertrag ohne besondere Bedeutung. Kommt es zu Diskrepanzen zwischen dem Doktoranden und dem Doktorvater/Betreuer, weiß jeder von beiden, woran er sich zu halten hat.

Bei diesem Gespräch sollten auch die *Modalitäten der Nutzung universitärer Einrichtungen* sowie mögliche *finanzielle Unterstützungen* geklärt sein. Aus rechtlicher Sicht der Universität ist es grundsätzlich klar: Die Dissertation ist ein privates Vorhaben des Doktoranden und darf die Universität finanziell nicht belasten. Andererseits produzieren Dissertationen Forschungsergebnisse, die das Ansehen der Universität fördern. Daher empfehlen wir folgende „Arbeitsteilung":

- Alle Materialien, Geräte, Instrumente, Papiere usw., die zum Erarbeiten der Forschungsergebnisse benötigt werden, sollten dem Doktoranden als Arbeitsmittel zur Verfügung gestellt werden, gehen aber nach Beendigung der Dissertation in den Besitz der Universität (Abteilung, Doktorvater) über. Auf diese Weise können z. B. Literatursammlungen und Datenbanken für zukünftige Doktoranden zur Verfügung gestellt werden.
- Im Gegensatz dazu muss der Doktorand alles Material, welches zur Herstellung der abzuliefernden Exemplare benötigt wird (Fotos, Druckpapier usw.), selbst bezahlen.

Ein Beispiel möge den Sachverhalt klären: Der Doktorand erhält zur Patientendokumentation die Diafilme, sofern er die Dias am Schluss abliefert. Hingegen bezahlt er die Herstellung von Papierabzügen für die einzureichenden Exemplare selbst. Im Gegensatz dazu muss er die Papierbilder, die für eine Publikation verwendet werden, nicht selbst bezahlen. Für die Druckkosten der Pflichtexemplare sollte grundsätzlich der Doktorand aufkommen. Hier ist es üblich, dass die Doktorväter eine gewisse Anzahl von Exemplaren verlangen, die man ihnen selbstverständlich zur Verfügung stellen sollte. Es ist wichtig, dies vor dem Druckauftrag zu wissen, denn dann sind die Kosten für zusätzlich 30 oder 50 Exemplare gering. Hingegen ist ein Nachdruck mit sehr hohen Kosten verbunden.

4.3 Anmeldung der Dissertation

Aus Gründen der Urheberschaft und um mögliche Auseinandersetzungen in geregelten Bahnen ablaufen zu lassen, ist es an einer Reihe von Universitäten notwendig, den Beginn einer Dissertation bei der für die Promotionen zuständigen Stelle der Fakultät (Dekanat, Büro für akademische Grade, Promotionsbüro) anzuzeigen.

4.4 Der erste Entwurf

Nach dem ersten Gespräch sollte eine erste Fassung der Einleitung bzw. der Literaturübersicht erstellt werden.
Dies hat mehrere Vorteile:

- Der Doktorand wird gezwungen, die relevante Literatur zusammenzutragen, zu lesen und zu werten.
- Da per definitionem der letzte Abschnitt einer Einleitung mit dem Satz „Das Ziel der vorliegenden Arbeit ist ..." beginnen soll, ist der Doktorand gezwungen, sich genauestens darüber klar zu werden, was er will.
- Mit relativ wenig Aufwand kann sich der Doktorand in den wissenschaftlichen Stil der Formulierung einarbeiten.

Die Niederschrift der ersten Fassung des ersten Kapitels steht somit am Anfang jeder Dissertation. Dies kann in mehreren Stufen erfolgen. Es ist sinnvoll und zeitsparend, wenn der Doktorand dem Doktorvater/Betreuer zuerst einen Plan („mind map") liefert. Es handelt sich hier um ein Gerüst oder Skelett der Einleitung und der Gliederung, aus dem die wichtigsten Gedankengänge bzw. Zusammenhänge hervorgehen.

> Man spart viel Zeit, wenn man zuerst dieses Gerüst mit dem Doktorvater/Betreuer bespricht.

Dann kann der Doktorand die ersten Formulierungsversuche vornehmen. Eine sorgfältige Korrektur dieses Erstlings durch den Doktorvater/Betreuer trägt viel zur „Kalibrierung" des Doktoranden bei und erspart später viele „schmerzliche" Korrekturen.

4.5 Festlegen der Experimente

4.5.1 Allgemeines

Wenn die Ziele der Arbeit klar sind, sollten die Experimente so genau wie möglich festgelegt werden. Dazu muss der Doktorand das Kapitel „Material und Methode" schreiben, was in der Regel die Durchführung von Vorversuchen voraussetzt. Hier kann man entscheiden, ob die eigenen Ideen zur Methodik wirklich zutreffen. Steht einmal fest, wie man vorgehen will, so ist alles Weitere minutiös und detailliert festzuhalten. Für die Hauptversuche muss dann genau nach diesem Plan vorgegangen werden. Nichts ist schlimmer, als während eines Experimentes die Vorgehensweise zu ändern! Dadurch wird u. U. die Analyse der Resultate unnötigerweise erschwert oder gar unmöglich gemacht. Hinterher ist man immer schlauer! Dennoch sollte man für die Experimente am einmal festgelegten Verfahren festhalten. Es sei denn, dass der Plan auf falschen Voraussetzungen beruht und die Untersuchung damit insgesamt unsinnig ist. Tritt dieser Fall ein, sollte man unbedingt mit seinem Doktorvater/Betreuer darüber sprechen. Es ist wichtig, sich schon in der Phase der Festlegung des Versuchsplanes statistisch beraten zu lassen. Der Gang zum Statistiker ist sehr lohnenswert.

> Versäumnisse in dieser Phase einer wissenschaftlichen Arbeit sind später in der Regel nicht mehr zu korrigieren.

4.5.2 Wichtige Hinweise bei bewilligungspflichtigen Experimenten

4.5.2.1 Arzneimittel-Prüfung am Menschen

Bei allen Experimenten, in denen klinische Prüfungen von Medikamenten durchgeführt werden, müssen die Grundsätze für die ordnungsgemäße Durchführung der klinischen Prüfung von Arzneimitteln, die vom Bundesminister für Jugend, Frauen und Gesundheit am 9.12.1987 erlassen wurden (Bundesanzeiger - BA - S. 16617), berücksichtigt werden.
In dieser Verordnung werden die wichtigsten Punkte der klinischen Arzneimittel-Prüfung am Menschen sehr genau geregelt. Als oberstes Gebot gilt die Deklaration von Helsinki (BA vom 13. Juni 1987, S. 7109). Die Bekanntmachung der Neufassung der Allgemeinen Verwaltungsvorschrift zur Anwendung der Arzneimittelprüfrichtlinien vom 5.5.1995 erfolgte im BA Nr. 96a vom 20.5.95.
Bevor eine klinische Prüfung von Arzneimitteln begonnen werden kann, müssen einige Voraussetzungen erfüllt sein:

- Die Studie muss unter Berücksichtigung des aktuellen Kenntnisstandes über die zu behandelnde Krankheit mittels sämtlicher verfügbarer Informationen sehr genau geplant werden. Das experimentelle Vorgehen ist im Einzelnen festzulegen. Die Mitführung einer Kontrollgruppe wird zwingend vorgeschrieben, außer, es stehen ethische Bedenken dagegen. Der Leiter und alle beteiligten Experimentatoren müssen für die Arbeit qualifiziert sein und den Nachweis ihrer Qualifikation erbringen.
- Die Zielsetzung der Studie muss eindeutig formuliert sein.
- Ebenso ist das zu untersuchende Arzneimittel genau zu charakterisieren. Die bekannten Wirkungen und Nebenwirkungen müssen beschrieben werden.

- Die Methode der Dokumentation und der statistischen Auswertung ist vorher eindeutig zu bestimmen.

Wesentliche Punkte der Grundsätze für die ordnungsgemäße Durchführung der klinischen Prüfung von Arzneimitteln beziehen sich auf den Schutz der Patienten/Probanden:

- Ein positives Votum der zuständigen Ethikkommission muss vor Beginn der Experimente vorliegen.
- Das Schreiben für die Information des Patienten (Abb. 4.1) über Sinn und Ziele der Studie, Wirkung des Medikamentes und Testverfahren, denen der Patient unterzogen wird, muss schon vor Beginn der Experimente verfasst sein. Es wird bereits zur Erlangung des Votums der Ethikkommission benötigt.
- Eine schriftliche Einverständniserklärung (Abb. 4.2) der Patienten/Probanden muss vor Beginn vorliegen. Es ist hier vorzusehen, dass die Patienten/Probanden frei und aufgrund von umfassender Information ihr Einverständnis abgeben. Um möglichst allen zukünftigen juristischen Problemen aus dem Weg zu gehen, wird empfohlen, dass der Patient, nachdem er umfassend informiert worden ist, selbst mit eigenen Worten schriftlich niederlegt, was mit ihm gemacht werden soll und hierzu sein Einverständnis erklärt.
- Eine Versicherung für Folgeschäden der Versuche muss vorliegen.
- Versuche an Schwangeren sind grundsätzlich verboten, außer wenn das Arzneimittel speziell für Schwangere oder ungeborene Kinder vorgesehen ist oder wenn ein Risiko für den Fötus ausgeschlossen werden kann.

4.5.2.2 Klinische Prüfung dentaler Produkte (Medizinprodukte)

Die klinische Prüfung dentaler Produkte wird durch die Europäische Norm DIN EN 540 geregelt. In dieser Norm werden alle Modalitäten für die „Klinische Prüfung von Medizinprodukten" normativ, d. h. verbindlich, festgelegt. Darin ist „Jedes Instrument, Gerät, technische Vorrichtung oder anderer Artikel, ... zur Benutzung bei menschlichen Wesen in der ... Prothese oder nichterblicher Abänderung ..." als Medizinprodukt definiert. Somit fallen auch zahnärztliche Implantate, Kronen, Brücken, Inlays, Füllungswerkstoffe, Zemente, vorab fabrizierte Fertigteile wie Stege, Geschiebe, Drähte, kieferorthopädische Brackets usw. darunter.
Ähnlich wie bei der klinischen Prüfung von Arzneimitteln sind alle Vorgehensweisen genau geregelt, und es muss streng nach der Deklaration von Helsinki vorgegangen werden. Vor Beginn der Erprobung ist ein Dokument zu erstellen, in welchem der Stand der Forschung erschöpfend dargestellt sein muss, das Gerät oder Material genauestens charakterisiert wird, die Ziele, das Vorgehen, die Art der Auswertung usw. genau festgelegt werden.

UNIVERSITÄTSKLINIKUM CHARITÉ
MEDIZINISCHE FAKULTÄT DER HUMBOLDT-UNIVERSITÄT ZU BERLIN
Zentrum für Zahnmedizin
Abteilung für Zahnerhaltung und Präventivzahnmedizin
Leiter: Univ.-Prof. Dr. J.F. Roulet
Föhrer Str. 15, D-13353 Berlin

Patientenaufklärung zur Studie
"Prüfung von *Optibond FL / Prodigy* und *Prime & Bond 2.1 / Spectrum TPH* zur Versorgung von Zahnhalsdefekten"

Sehr geehrte Patientin, sehr geehrter Patient,

bei Ihnen sind Zahnhalsdefekte festgestellt worden, die mit einer Füllung versorgt werden sollten.

Wir bieten Ihnen an, diese Defekte mit Füllungsmaterialien zu versorgen, sogenannten Kompositmaterialien, die bereits auf dem Markt sind und von vielen Zahnärzten eingesetzt werden. Wir wollen in einer dreijährigen Studie die von uns bei Ihnen gelegten Füllungen nachkontrollieren, um genaue Aussagen über das Verhalten dieser Materialien im Munde von Patienten machen zu können.
Bei dem Verlust einer Füllung erfolgt selbstverständlich ein sofortiger Ersatz. Es entstehen für Sie weder durch die Versorgung der Zahnhalsdefekte noch durch die gegebenenfalls notwendige Wiederholung der Füllung irgendwelche Kosten für die Behandlung innerhalb dieser Studie.

Die Versorgung der Zahnhalsdefekte mit den zu testenden Materialien wird -wie bereits erwähnt- über einen Zeitraum von drei Jahren in regelmäßigen Abständen beurteilt. Dazu werden vor der Behandlung, direkt nach dem Legen der Füllung, nach 6 Monaten sowie nach einem, zwei und drei Jahren das klinische Erscheinungsbild beurteilt. Daneben werden Abformungen von den behandelten Zähnen hergestellt, um die Füllungsränder im Raster-Elektronen-Mikroskop zu den verschiedenen Zeitpunkten beurteilen zukönnen.
Diese Nachuntersuchungen haben für Sie den Vorteil, daß Schäden, wie sie an allen Füllungen entstehen können, an den in der Studie durchgeführten Versorgungen frühzeitig erkannt werden, um sie rechtzeitig zu beheben.

Die Teilnahme an dieser Studie ist freiwillig. Alle an der klinischen Untersuchung teilnehmenden Patienten sind durch den Auftraggeber gegen alle aufgrund des Untersuchungsmaterials verursachte Schäden versichert.
Sie können die Teilnahme an dieser Untersuchung natürlich jederzeit abbrechen, dennoch sollten Sie, wenn Sie an der Studie teilnehmen wollen, für sich klären, ob Sie für einen Zeitraum von ca. 3 Jahren für die Nachuntersuchungen zur Verfügung stehen.

Berlin, November 1995

Oberarzt Dr. Uwe Blunck
Verantwortlicher Versuchsleiter

Abb. 4.1 Beispiel einer Patienteninformation

Ferner muss man sich an genaue Regeln bezüglich des Studienaufbaus halten. Neben dem Leiter der Studie (Experimentator) ist ein Kontrollorgan (Monitor) zu schaffen, welches unabhängig vom Experimentator und vom Geldgeber (Sponsor) der Studie in alle Vorgänge Einsicht nehmen darf. Es sind auch genaue Kriterien für den Abbruch der Studie festzulegen.
Dem Schutz der Probanden wird auch hier besonderer Wert beigemessen.

Praktisches Vorgehen

UNIVERSITÄTSKLINIKUM CHARITÉ
MEDIZINISCHE FAKULTÄT DER HUMBOLDT-UNIVERSITÄT ZU BERLIN   **Charité**
                                                           helfen lehren forschen

Zentrum für Zahnmedizin
Abteilung für Zahnerhaltung und Präventivzahnmedizin
Leiter: Univ.-Prof. Dr. J.F. Roulet

Föhrer Str. 15, D-13353 Berlin

Aufklärungsbestätigung für die klinische Studie
"Prüfung von *Optibond FL / Prodigy* und *Prime & Bond 2.1 / TPH Spectrum*
zur Versorgung von Zahnhalsdefekten"

Einverständniserklärung

Ich, -- , habe die

beigefügte Patienteninformation gelesen und mit -------------------------------------

über die betreffende Studie gesprochen.

Ich bin mit der Teilnahme an der Studie einverstanden.

Unterschrift: ------------------------------------ Datum -------------------------------------

Ich, --- , habe -----------------------------------
                                                        (Name des Patienten)

Art und Ziel der Studie erklärt.

Unterschrift: -- Datum: ----------------------

Abb. 4.2   Beispiel einer Einverständniserklärung

Ein positives Votum der Ethikkommission, Einverständniserklärungen der Probanden (s. Abb. 4.2) und der Abschluss einer Haftpflichtversicherung sind vor Beginn jeder Studie ein Muss.

Sinngemäß sind alle im Kapitel 4.4.2.1 beschriebenen Vorkehrungen zum Schutz des Patienten auch in diesen Fällen zu treffen.

Die Ethikkommissionen der zuständigen medizinischen Fakultäten oder Fachbereiche tagen üblicherweise ein- oder mehrmals im Monat. Die Bearbeitung dauert meist vier bis sechs Wochen. Dort erhält man auch die Unterlagen für die notwendigen Angaben. Zu diesen gehören meistens:

- beteiligte Prüfstellen
- Klassifizierung der Studie (Heilversuch, ohne Heilversuch, Verlaufsbeobachtung)
- Haupt- und Nebenziele
- Prüfplan
- Zeitplan
- Auswahl der Versuchspersonen
- wissenschaftliche Dokumentation
- Aufklärungsschrift
- Einwilligungsschrift des Patienten
- Versicherung und Haftpflicht.

4.5.2.3 Tierversuche

Die Durchführung von Tierversuchen wird im Tierschutzgesetz vom 25. Mai 1998 (geändert durch Artikel 2 vom 12. April 2001), das vom Bundesministerium für Verbraucherschutz, Ernährung und Landwirtschaft (BMVEL) erlassen wurde, geregelt. Genauere Hinweise findet man in der Verwaltungsvorschrift zur Durchführung des Tierschutzgesetzes vom 9. Februar 2000 und unter http://www.verbraucherministerium.de.
Vom Grundsatz her ist anzustreben, Tierversuche möglichst zu vermeiden beziehungsweise auf das absolut notwendige Minimum zu reduzieren (3-R-Konzept: reduce-refine-replace). Allen Überlegungen voran steht die ethische Vertretbarkeit. Tierversuche zur Entwicklung von Tabakerzeugnissen, Waschmitteln und dekorativer Kosmetik sind grundsätzlich verboten. In jedem Fall muss die Notwendigkeit des Tierversuches mit dem jeweiligen Stand der wissenschaftlichen Erkenntnis erschöpfend begründet werden.
Tierversuche mit Wirbeltieren sind grundsätzlich genehmigungspflichtig. Genehmigende Behörde ist beispielsweise in Berlin das Landesamt für Arbeitsschutz, Gesundheitsschutz und technische Sicherheit LAGetSi (http://www.berlin.de/lagetsi/Themen/15936.html). Dort findet man auch weitere Informationen und alle notwendigen Vordrucke für den Tierversuchsantrag.
Alle Mitarbeiter in einem Tierversuchsprojekt müssen entsprechende Fachkenntnisse besitzen (§ 9 TschG). Wer bisher noch keine tierexperimentelle Erfahrung hat, muss sich diese aneignen. Dafür werden zertifizierte Kurse und Seminare angeboten (z. B. „Versuchstiere, Tierversuche und Alternativmethoden", Tierexp. Einrichtung der Charité, Tel. 030 - 450 576 032). An den Leiter eines Tierversuchsvorhabens und seinen Stellvertreter werden besondere Anforderungen gestellt: Erst nach mehrjähriger Mitarbeit in ent-

sprechenden Projekten und mit einem abgeschlossenen Hochschulstudium kann die Leitung eines Versuchsvorhabens übernommen werden. Sind operative Eingriffe geplant, so dürfen diese nur von Veterinärmedizinern, Humanmedizinern und Biologen mit Fachrichtung Zoologie durchgeführt werden. Die Verwaltungsvorschrift sieht vor, dass Leiter und Stellvertreter in einem Projekt die „volle Verantwortung" tragen. Diesen Part übernimmt in aller Regel der Promotionsbetreuer. Aber auch wer „unter Aufsicht" arbeiten darf, muss über tierexperimentelle Erfahrung verfügen und fachliche Kenntnisse besitzen.

Doktoranden arbeiten meist „nach Anweisung" oder, vor allem anfangs, „unter Anleitung". Die Berliner Senatsbehörde verlangt auch für diese Mitarbeit Fachkenntnisse auf der Grundlage eines Beschlusses der Europäischen Gemeinschaft (Richtlinie des Rates 86/609/EWG). Für Doktoranden bedeutet dies, dass vor Beginn des experimentellen Teils der Doktorarbeit ein Kurs über Versuchstierkunde besucht werden muss. Das Zertifikat ist der Behörde als Fachkundenachweis vorzulegen.

Ein Tierversuchsantrag wird der Behörde zur Genehmigung vorgelegt. Gleichzeitig erhält ihn auch der Tierschutzbeauftragte, der eine Stellungnahme abgeben muss. Der Antrag soll nach Beratung in der Tierversuchskommission (gemäß §15 TschG) innerhalb von drei Monaten von der Behörde genehmigt worden sein.

Für Organ- bzw. Gewebeentnahmen nicht vorbehandelter Tiere muss eine Anzeige mit der Bitte um Stellungnahme von der Senatsbehörde über den Tierschutzbeauftragten erfolgen. Dies muss mindestens 14 Tage vor dem Beginn der Tötungen geschehen.

Schon beim ersten Entwurf eines Tierversuchsantrages sollte der Tierschutzbeauftragte mit einbezogen werden, denn er ist der Experte, der in der Planung und im Genehmigungsverfahren beratend zur Seite steht. Größten Wert legt die Behörde auch auf eine schlüssige biometrische Planung, damit notwendige Tierversuche sinnvoll durchgeführt werden können.

Ein gut durchdachter und geplanter Antrag wird dann auch ohne verzögernde Rückfragen zügig bearbeitet und genehmigt.

4.5.2.4 Arbeiten mit Röntgenstrahlen oder radioaktiven Isotopen

In Deutschland ist der Umgang mit ionisierenden Strahlen und mit radioaktiven Substanzen streng geregelt. Grundlage hierzu bildet das Atomgesetz (Neufassung des Atomgesetzes vom 15. Juli 1985; Bundesgesetzblatt (BGBl) I S. 1565, zuletzt geändert durch Art. 8 G vom 6. Januar 2004, BGBl I S. 2). Das Atomgesetz ist ganz allgemein gehalten. Für die Medizin werden die Dinge mit Verordnungen festgelegt.

Ganz allgemein regelt die Verordnung über den Schutz vor Schäden durch ionisierende Strahlen (Strahlenschutzverordnung – StrlSchV vom 20. Juli 2001, BGBl I, S. 1714, zuletzt geändert am 18. Juni 2002, BGBl I S. 1869) den Umgang mit radioaktiven Substanzen und Anlagen zur Erzeugung ionisierender Strahlen. Dieses gilt gleichermaßen z. B. für die Herstellung von Kernbrennstoff, die Anwendung von Beschleunigern oder den Einsatz von Radionukliden in der Medizin. §§ 41, 23 u. 24 regeln die Anwendung radioaktiver Stoffe oder ionisierender Strahlen in der medizinischen Forschung. Diese ist grundsätzlich genehmigungspflichtig. Es gelten, da es sich um Versuche an Menschen handelt, sinngemäß die gleichen Richtlinien, aber in verschärfter Form, wie für die Arzneimittelprüfung und Versuche mit Medizinprodukten (Deklaration von Helsinki, Nachweis der Unumgänglichkeit, Ethikkommission, Einverständniserklärung, Versicherung usw.). Das zwingende Bedürfnis wird durch eine Genehmigung des Bundesamtes für Strahlenschutz festgestellt. Besonders viel Wert wird auf die Nutzen-Risiko-Abwägung gelegt. Zudem muss sichergestellt sein, dass das Personal fachkundig ist (Arzt, der zwei Jahre Erfahrung mit dem Umgang mit Radionukliden nachweisen muss) und die apparativen Voraussetzungen (Kontrolle, Kalibrierung usw.) gegeben sind. Ferner sind die höchstzulässigen Strahlendosen im Anhang der Strahlenschutzverordnung festgelegt.

In § 82 ist die Anwendung radioaktiver Stoffe oder ionisierender Strahlen in der Heilkunde oder Zahnheilkunde definiert. In der „Richtlinie Strahlenschutz in der Medizin" vom 24. Juni 2002 BAnz. Nr. 207a werden die spezifischen Anforderungen der StrlSchV bei Anwendung von radioaktiven Stoffen oder Anlagen mit ionisierender Strahlung zusammengefasst und einschließlich der Fachkundevoraussetzungen detailliert beschrieben.

Der Einsatz von Röntgenstrahlen in der Heilkunde oder Zahnheilkunde ist durch die Röntgenverordnung geregelt (Röntgenverordnung – RöV vom 8. Januar 1987, in der Neufassung vom 18. Juni 2002, BGBl I S. 1869). Die fachlichen Anforderungen sind in der Fachkunde nach Röntgenverordnung (Schriftenreihe der Bundesanstalt für Arbeitsschutz, Regelwerke, RW 11, 1991; Herausgeber: Bundesanstalt für Arbeitsschutz, Postfach 17 02 02, 44061 Dortmund) niedergelegt. Für Zahnmediziner ist dies unproblematisch, da zahnärztliche Radiologie integraler Teil der Ausbildung ist und Zahnärzte grundsätzlich die Erlaubnis haben zu röntgen. Man erinnere sich daran, dass für jede Röntgenaufnahme eine medizinische Indikation gegeben sein muss und der Zahnarzt verpflichtet ist, die minimale, technisch mögliche Strahlendosis anzuwenden. Wenn im Rahmen eines Forschungsprojektes Röntgenaufnahmen von Patienten/Probanden angefertigt werden sollen, so sind das Versuche am Menschen, und § 28a der Röntgenverordnung muss angewendet werden.

Werden Radionuklide im Laborbereich eingesetzt, z. B. als Marker, um Dichtigkeitsprüfungen oder Biokompatibilitätstests durchzuführen, so müssen die Laboratorien DIN-Normen erfüllen. DIN 25 425 „Radionuklidlaboratorien" vom September 1995 regelt die Ausstattung und den Betrieb von Laboratorien, in denen radioaktive Substanzen verarbeitet werden. Selbstverständlich sind neben der DIN-Vorschrift weitere gesetzliche und berufsgenossenschaftliche Vorschriften zu beachten, wie z. B. die Strahlenschutzverordnung, die baupolizeilichen Vorschriften, die Arbeitsstättenverordnung, das Gesetz zum Schutz vor schädlichen Umwelteinwirkungen (Bundes-Immissions-Schutzgesetz), die Unfallverhütungsvorschriften und die Gefahrstoffverordnung.

DIN 25425 „Radionuklidlaboratorien" besteht aus:

Teil 1: Regeln für die Auslegung
Teil 2: Grundlagen für die Erstellung betriebsinterner Strahlenschutzregeln
Teil 3: Regeln für den vorbeugenden Brandschutz
Teil 4: Regeln zur Dekontamination von Oberflächen.

Bei der Festlegung der Sicherheitsvorkehrungen wird vom Gefährdungspotenzial der einzelnen Substanzen ausgegangen. Dieses ist in der Anlage III und VII der Strahlenschutzverordnung „Freigrenzen, abgeleitete Grenzwerte der Jahres-Aktivitätszufuhr für Inhalation und Ingestion und abgeleitete Grenzwerte der Aktivitätskonzentration in Luft" für jede einzelne Substanz festgelegt. Arbeitet man unterhalb dieser Freigrenzen, so entfallen Genehmigungs- oder Anzeigepflicht. Bis zur 10fachen Überschreitung der Freigrenzen sind die Versuche immer nach § 4 der StrlSchV anzeigepflichtig. Hierbei können die Anforderungen nach DIN 25 425 entfallen. Es muss jedoch mindestens ein Strahlenschutzbeauftragter (mit der Fachkunde für Strahlenschutz) die Arbeiten beaufsichtigen. Kontaminationsmessgeräte müssen ebenfalls vorhanden sein. Überschreitet man diesen o. g. Wert, so müssen die Versuche von der Behörde genehmigt werden.
Werden radioaktive Stoffe im Labor verarbeitet, so müssen auch hier strenge Richtlinien befolgt werden, die darauf hinzielen, möglichst wenige radioaktive Substanzen vor Ort zu haben. Die Anforderungen an die Aufbewahrungseinrichtungen und deren Aufstellungsräume zum Strahlen-, Brand- und Diebstahlschutz sind in der DIN 25 422 „Aufbewahrung radioaktiver Stoffe" niedergelegt.
Wenn es um Radioaktivität und Strahlenschutz geht, nimmt der Gesetzgeber die Verantwortlichkeit sehr ernst. Daher ist in der Strahlenschutzverordnung die Verantwortung für den Strahlenschutz genau definiert und auch konzentriert. Für eine Einrichtung (z. B. eine Fakultät) gibt es einen Strahlenschutzverantwortlichen. Er muss die Macht haben, personelle und finanzielle Anordnungen zu treffen. Er trägt auch die volle Verantwortung und kann bei Missachtung der Ordnungsvorschriften entsprechend bestraft werden. In Universitätskliniken ist dies im Regelfall der Dekan, in der Charité – Universitätsmedizin Berlin ist der Vorstandsvorsitzende der Strahlenschutzverantwortliche. Dieser benennt dann einen Strahlenschutzbevollmächtigten, an den für die Einrichtung die Verantwortung delegiert ist. Der Strahlenschutzbevollmächtigte muss dann seinerseits Strahlenschutzbeauftragte benennen, die vor Ort, d. h. in den einzelnen Laboratorien, die Verantwortung übernehmen. Die Verordnung schreibt bindend vor, dass die Strahlenschutzbeauftragten während der Experimente selbst vor Ort sein müssen.

Die Strahlenschutzbeauftragten müssen sich durch mindestens eine halbjährliche Tätigkeit und durch Absolvieren eines Kurses für die Übernahme der Verantwortung qualifizieren.

4.6 Durchführung der Experimente

Ist man sich mit dem Doktorvater/Betreuer einig, dass alle Vorbereitungen erledigt sind, lassen sich in der Regel die Experimente zügig absolvieren. Auch hier wird die Effizienz gesteigert, wenn sorgfältig nach einem genauen Plan vorgegangen wird. Vor allem bei verwandten, aufeinander abgestimmten Experimenten macht sich eine gut durchdachte Ablaufplanung sehr bezahlt. Es lässt sich dadurch viel Zeit sparen. Bei allen Planungen muss man aber auch an „Murphys Gesetz" denken und Unvorhergesehenes, vor allem im Zeitrahmen schon von Anfang an einplanen. Eine verzögerte Postsendung, eine nicht eingehaltene Lieferfrist oder ein ausgefallenes Großgerät können enge Zeitplanungen total zum Scheitern bringen.

4.7 Dokumentation der Experimente

Alles, was man während der Experimente tut, muss genauestens und sehr detailliert dokumentiert werden. Das Notieren des Datums und der Uhrzeit belegt den zeitlichen Ablauf und die Abfolge. Eine „doppelte Buchführung" ist immer besser als eine einfache. Sollte einmal etwas durcheinander geraten, kann anhand von zwei unabhängigen Listen die Rekonstruktion der Abläufe oder des Tatbestandes erfolgen.

> Man merke sich: Selbst bei größter Sorgfalt kann es einmal eine Panne geben.

Sind Mechanismen zur Behebung vorhanden, ist es weiter nicht so schlimm. Die Alternative wäre sonst nur die Wiederholung eines ganzen Experimentes.
Bei der *Beschriftung* von Probekörpern, Zähnen usw. kann man nicht gründlich genug sein. Es empfiehlt sich, die Probekörper einzeln zu beschriften und die Behältnisse, die Gruppen zugeordnet sind, auch zu markieren. Ebenso erweist es sich als nützlich, zwei Listen zu führen:

- Liste 1 z. B. nach Probennummern geordnet und
- Liste 2 nach Gruppen geordnet.

Gravieren ist besser als eine Filzstiftmarkierung (auch wasserfester). Man bedenke, dass eine Passage durch Alkohol alle Filzstiftmarkierungen auflöst! Ein einfacher Weg, um in Zukunft noch zu wissen, was man wann gemacht hat, ist das *Führen eines Tagebuches*. Im Weiteren sollte man immer bedenken, was geschieht, wenn etwas verloren geht. Es lohnt sich daher, wenn von allen Dingen Sicherheitskopien vorliegen. Auch der zuverlässigste Computer kann einmal „abstürzen". Eine Sicherheitskopie nimmt diesem Ereignis viel Brisanz. Man bedenke, dass auf dem Postweg hin und wieder einmal etwas verloren geht. Somit hüte man sich davor, Originaldaten oder Manuskripte zu verschicken, wenn keine Kopien vorliegen. Falls aus technischen Gründen Proben verschickt werden müssen, so sind Kurierdienste (z. B. DHL, Federal Express, UPS) zu bevorzugen.

4.8 Vorstellung der Ergebnisse

Nach Abschluss der Experimente werden in der Regel die Ergebnisse dem Doktorvater/Betreuer vorgestellt. Oft ergeben sich aufgrund der Datenflut Probleme. Hier muss der gesunde Menschenverstand zum Zuge kommen. Bei der Betrachtungsweise müssen aus der Menge an Daten und möglichen Kombinationen diejenigen ausgewählt und kritisch betrachtet werden, die von der Ausgangssituation bzw. der Arbeitshypothese her sinnvoll erscheinen.

> Eine gute Übersicht bietet die Darstellung der Ergebnisse in Form von Säulen- (senkrecht) oder Balkendiagrammen (waagerecht).

Die bildliche Darstellung fördert oft das Verständnis für komplexe Zusammenhänge. Es ist sinnvoll, schon vor der Besprechung der Ergebnisse eine statistische Analyse der Daten vorzunehmen. Man kann dadurch in der Diskussion viele unsinnige oder nicht beweis- und belegbare Spekulationen vermeiden.

4.9 Diskussion

Ist die Darstellung der Ergebnisse erfolgt, kann man sich mit dem nicht ganz einfachen Kapitel der Diskussion befassen. Das Vorgehen wurde bereits in Kapitel 3.2.6 beschrieben. Mit den erfolgten Korrekturen der bisherigen Kapitel durch den Doktorvater/Betreuer sollte der Doktorand inzwischen genügend Kompetenz im Verfassen von wissenschaftlichen Texten gewonnen haben, so dass das Verfassen der Diskussion keine besonderen Schwierigkeiten mehr bereiten dürfte.

5 Reinschrift der Dissertation

5.1 Allgemeines

Wenn alle Bausteine zusammengetragen sind, wird eine erste Fassung der Dissertation erstellt. Dies dürfte beim empfohlenen Vorgehen keine Probleme mehr bereiten, denn die wesentlichen Teile wurden bereits angelegt. Die Niederschrift der ersten kompletten Fassung ist aber dennoch mit einigen Tücken verbunden. Daher folgen hier einige Ratschläge zum Ablauf.
Wie schon erwähnt, ist es ratsam, die Arbeit mit einem Personalcomputer (PC) zu schreiben. Korrekturen und weitere Verbesserungen beim Durchlesen des Ausdruckes oder aufgrund von Vorschlägen des Betreuers können vorgenommen werden, ohne den gesamten Text wieder neu schreiben zu müssen, was wiederum neue Fehlermöglichkeiten schafft. Somit lassen sich Korrekturen durchführen, ohne dass Richtiges verändert wird. Dies erleichtert das Korrekturlesen späterer Fassungen sehr.
Es ist empfehlenswert, bis zur endgültigen Fassung, in der in der Regel die Literaturzitate mit den Nummern des Quellenverzeichnisses gekennzeichnet sind, alle Zitate mit AUTORENNAMEN und Jahr anzugeben. Dies hat viele Vorteile:

- Der Doktorvater/Betreuer sieht auf den ersten Blick, ohne in einer Liste nachschlagen zu müssen, welche Arbeiten zitiert wurden.
- Für den Doktoranden ist es ein großer Vorteil, weil dadurch Änderungen im Literaturregister leicht erfolgen können. Ein hilfreiches Detail ist das Setzen eines sonst unüblichen Zeichens vor die Namen (z. B. #). Dadurch lassen sich bei späteren Änderungen (Umsetzen auf Nummern) die Literaturzitate im Textverarbeitungsprogramm leicht finden.
- Die Verwendung einer auf das Textverarbeitungssystem abgestimmten Literaturdatenbank (z. B. Endnote) erleichtert die Einführung von Literaturzitaten im Text erheblich und ist sehr zu empfehlen.

Weiterhin ist es ratsam, die Entwürfe zweizeilig auszudrucken, damit der Betreuer mehr Platz für Ergänzungen und Korrekturen hat.

Im Folgenden sind einige Bemerkungen zum Stil und zum Umfang angebracht.

5.2 Schriftart und Darstellung

Die Auswahl der Schriftart ist Geschmackssache. Zu bevorzugen ist beispielsweise die Schrift „Arial" (s. Abb. 5-3). Bei der Wahl der Schriftart sollten Serifen (= dünne Striche am Buchstabenanfang und -ende) und Haarlinien vermieden werden (s. Abb. 5-5). Eine gleichmäßige Strichstärke ist im Druck einfacher wiederzugeben. Im Allgemeinen ist eine Proportionalschrift zu bevorzugen. (Schmale Buchstaben wie „i" oder „l" benötigen wie bei der Handschrift weniger, breite Buchstaben wie „M" oder „W" mehr Platz.) Vor allem bei der Schriftgröße muss man bedenken, dass zum Druck das Manuskript von DIN-A4 auf DIN-A5 verkleinert wird oder aber die Veröffentlichung auf Mikrofiche erfolgt.

> Daher sollte man nicht mit zu kleinen Typen arbeiten und eine Schriftart auswählen, die in der gewählten Form der Veröffentlichung gut lesbar bleibt.

12 Punkt ist eine gute Größe für den Fließtext. Erst ganz zum Schluss sollte auch die endgültige Formatierung vorgenommen werden. Eine Formatierung im Blocksatz, die nicht zwingend ist, sollte zweckmäßigerweise erst vor der Abgabe der Dissertation beim Promotionsbüro erfolgen. Der Blocksatz bewirkt eine gleichmäßige Zeilenlänge, auch mithilfe von Worttrennungen, damit nicht unschöne große Wortzwischenräume auftreten. Dabei ist jedoch darauf zu achten, dass beabsichtigte Bindestriche bestehen bleiben (PC: „geschützter Trennstrich") sowie Maßzahl und Einheit nicht getrennt werden (PC: „geschütztes Leerzeichen").
Die bisher gemachten Angaben müssen bereits im Manuskript berücksichtigt werden. Man sollte bestrebt sein, die Arbeit bereits in der ersten Fassung vollständig vorzulegen, da der Doktorvater/Betreuer nicht wissen kann, was der Doktorand selbst noch an fehlenden Dingen ergänzt.
Da die fertige Arbeit geheftet und an den Kanten beschnitten wird, dürfen die Seiten nicht zu voll beschrieben werden. Die Seiten sind zweizeilig und mit nur 28 (maximal 29) Zeilen zu beschreiben. Die Randbreiten sind entsprechend der Abbildungen 5-1 und 5-2 einzuhalten. Die schriftliche DIN-A4-Fassung enthält nur einseitig beschriebene Seiten. Beim Umbruch ist darauf zu achten, dass weder eine Überschrift noch eine einzelne Zeile eines Absatzes allein auf einer Seite steht. Beim Druck (DIN-A5) sind Vorder- und Rückseite beschrieben. Dadurch wird eine doppelseitige Tabelle wieder gut überschaubar. Erscheint eine solche Anordnung vorteilhaft, so muss der erste Teil für die linke Seite für eine gerade Seitenzahl, der zweite Teil für die rechte Seite für eine ungerade Seitenzahl vorgesehen werden.
Die Nummerierung der Seiten erfolgt gemäß den Vorschriften der entsprechenden medizinischen Fakultäten (Tab. 5-1). In der Regel wird durchgehend mit arabischen Ziffern nummeriert und man beginnt mit dem Titelblatt (Abb. 5-3), ohne dass auf ihm die Seitennummer steht.

Abb. 5-1 Zum Druck zulässige maximale Fläche für die Abbildungen, Tabellen und den Text. Nur die Kapitelüberschrift und die Seitenzahl stehen über dem Rahmen.

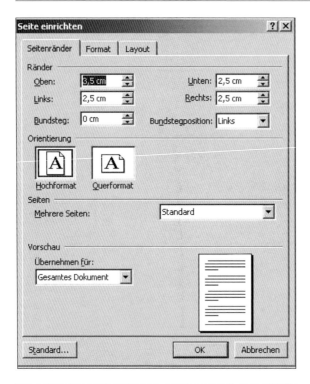

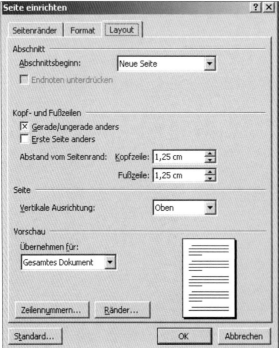

Abb. 5-2 Beispiele für Mustereinstellungen im Textverarbeitungssystem (Windows 2000) für die Seiteneinstellungen.

Dieses gibt im Allgemeinen Auskunft über

- die Einrichtung, aus der die Arbeit stammt,
- den Titel der Arbeit,
- die Art der Arbeit,
- den Namen der akademischen Einrichtung und
- den Autor.

Der Titel soll einerseits kurz sein, andererseits möglichst genau den Inhalt der Dissertation charakterisieren. Abkürzungen sind grundsätzlich zu vermeiden. Seite 2 als Titelrückseite (ohne Seitenzahl) enthält Titel und Namen des Dekans sowie der Gutachter (Referent, Korreferent; üblicherweise 2 bis 3) und das Promotionsdatum (Abb. 5-4). Die Vorschriften für die Gestaltung des Titelblattes und der Titelrückseite sind allerdings einrichtungs- bzw. fakultätsspezifisch und müssen bei der für die Promotionen zuständigen Stelle der Fakultät (Dekanat, Büro für akademische Grade, Promotionsbüro) erfragt werden.
Auf Seite 3, die im Druck rechts sein wird, kann eine Widmung geschrieben werden, um sich z. B. bei den Eltern oder beim Ehepartner für die Ausbildung und Unterstützung zu bedanken. Die 4. Seite bleibt frei.
Auf der 5. Seite beginnt das Inhaltsverzeichnis. Es wird auf einer linken oder rechten Seite entsprechend mit einer geraden oder ungeraden Seitenzahl enden. Da die Seitenzahl für den Beginn der einzelnen Kapitel und Abschnitte zunächst nicht zu übersehen ist, kann das Inhaltsverzeichnis erst nachträglich geschrieben werden. Entsprechend dem Umfang der Gliederung sind die dafür notwendigen Seiten zu reservieren (s. Tab. 5-1).

Tabelle 5-1 Vorschriften für die Seitenzählung einer Dissertation. Die Seitenzahlen in Klammern werden nicht geschrieben.

Seiten-Nr.
(1) Titelblatt, Vorderseite
(2) Titelblatt, Rückseite
(3) Widmung
Bei Inhaltsverzeichnissen von

1 Seite:	2 Seiten:	3 bis 4 Seiten:
(4) leer	(4) leer	(4) leer
(5) 1. Seite Inhaltsverz.	(5) 1. Seite Inhaltsverz.	(5) 1. Seite Inhaltsverz.
(6) leer	6 2. Seite Inhaltsverz.	6 2. Seite Inhaltsverz.
(7) 1. Seite Text	(7) 1. Seite Text	7 3. Seite Inhaltsverz.
8 2. Seite Text	8 2. Seite Text	8 4. Seite Inhaltsverz. oder leer
... .	... .	(9) 1. Seite Text
		10 2. Seite Text
... .	... .	... .

Aus dem Institut/der Klinik für ....
der Medizinischen Fakultät der Charité – Universitätsmedizin Berlin

[hier ist **kein** Direktor zu nennen!!!!]

DISSERTATION

..................[Thema:]........................

Zur Erlangung des akademischen Grades
Doctor medicinae (Dr. med.)
[bzw.] Doctor medicinae dentariae (Dr. med. dent.)
[bzw.] Doctor rerum medicarum (Dr. rer. medic.)
[bzw.] Doctor rerum curae (Dr. rer. cur.)

vorgelegt der Medizinischen Fakultät der Charité –
Universitätsmedizin Berlin

von

...........................[Name des Doktoranden]
.........................[bei Verheirateten: Geburtsname]

aus ....[Geburtsort]..........

Abb. 5-3 Muster für das Titelblatt, Vorderseite (= S. 1).

Der Text mit der Einleitung soll in der Dissertation auf jeden Fall auf einer rechten Seite beginnen. Demzufolge muss die Seitenzahl ungerade sein – z. B. Seite 7, 9 oder 11.
Erst auf der zweiten Textseite wird oberhalb des Rahmens die Seitenzahl geschrieben.

```
Gutachter: 1. .................................. [zunächst nicht ausfüllen]
          2. .................................. [zunächst nicht ausfüllen]
          3. .................................. [zunächst nicht ausfüllen]


Datum der Promotion: ................................ [bleibt zunächst frei]
```

Abb. 5-4 Muster für das Titelblatt, Rückseite (= S. 2).

Moderne Textverarbeitungssysteme erlauben die Definition von Kopf- und/oder Fußzeilen. Will man damit arbeiten, so stehen in der Kopfzeile, analog zu Büchern, bei ungeraden Seiten der Kapiteltitel links und die Seitenzahl rechts, bei geraden Seiten der Kapiteltitel rechts und die Seitenzahl links (Abb. 5-5).

MATERIAL und METHODE 23

2 MATERIAL UND METHODE

2.1 Auswahl der Probanden und deren Qualifikationen

Die Probandengruppe setzte sich aus 34 Zahnmedizinstudenten zusammen, die an der FU Berlin in der Zahnklinik Nord für das erste klinische Semester immatrikuliert waren. In diesem Semester belegten sie den Präventiv-Zahnmedizin-Kurs (= PZM-Kurs). Diese 34 Studenten haben die fünf vorklinischen Semester an der Zahnklinik Süd der FU Berlin mit anschließender medizinischer Vorprüfung absolviert. Im ersten Semester hatten sie an einem Prophylaxe-Kurs teilgenommen. Darüber hinaus konnten sie nicht obligate Präventiv-Seminare besuchen.

2.2 Inhalte und Ziele des PZM-Kurses

Die o.g. 34 Zahnmedizinstudenten belegten in dem ersten klinischen Semester der Zahnklinik Nord der Freien Universität Berlin, jetzt Zentrum für Zahnmedizin des Universitätsklinikums Charité der Humboldt-Universität zu Berlin, den PZM-Kurs. Dieser Kurs wird von den Abteilungen Zahnerhaltung und Parodontologie angeboten. Der PZM-Kurs wurde 1984 in Anlehnung an die Universitätskliniken Bern und Zürich von Prof. Dr. Roulet und von Prof. Dr. Bernimoulin in Berlin eingeführt.
Die Inhalte des PZM-Kurses sollen die Studenten untereinander ohne Patienten auf ihr späteres Arbeits- und Wirkungsfeld vorbereiten. Durch die Übungen "Bedienung der Behandlungseinheit", "Hygiene am Arbeitsplatz" und "Arbeitshaltung und Absaugtechniken" werden viele Handgriffe und Bedienungsmöglichkeiten automatisiert. Die Studenten sollen dadurch die notwendige Routine und Sicherheit im Umgang mit den Behandlungseinheiten, Geräten und dem Instrumentarium in ihrem späteren Wirkungsfeld erlangen. Anderseits werden die Studenten die theoretischen und praktisch angewandten Grundlagen der Prophylaxe in den Übungen "Kariesätiologie und -diagnostik", "Parodontalätiologie und -diagnostik", "Ernährung", "Fluoride",

Abb. 5-5 Muster einer Textseite. (Aus: Elzner M.: Epidemiologische Erhebungen zur Bestimmung der zahnärztlichen Versorgung, der Kariesprävalenz, der Zahnpflegegewohnheiten, des Informationsstandes, der Einstellung zur Prophylaxe und die Entwicklung der Mundhygiene von Zahnmedizinstudenten sowie deren Motivierbarkeit durch einen Präventivzahnmedizinkursus. Zahnmed Diss, HU Berlin, 1995.)

5.3 Umfang

Der Umfang der Dissertation soll sich im Rahmen von 100 ± 20 Seiten bewegen. Arbeiten unter 60 Seiten lassen möglicherweise den Verdacht aufkommen, dass die Dissertation inhaltlich schwach sein könnte und die Untersuchungen nicht tiefschürfend genug durchgeführt wurden. Umgekehrt sind Arbeiten mit mehr als 100 Seiten schwer in einem Zug zu lesen. In einem solchen Fall sollte man straffen und weniger Wichtiges in Absprache mit dem Betreuer weglassen.

5.4 Sprache

Die Dissertation ist eine wissenschaftliche Monografie. Das muss sich nicht nur im Gegenstand und Inhalt, sondern auch in der Gliederung, im Stil und im Duktus äußern.
Oberstes Gebot dafür ist die gehobene Fachsprache, die durch Sachlichkeit (kein Erzählstil), korrekte Anwendung der Fachausdrücke (Überprüfung mittels Nachschlagewerken) und durch Vermeidung von saloppen Formulierungen oder laienhaften Ausdrücken charakterisiert werden kann. Das sprachliche Niveau sollte sich an der Fachsprache des wissenschaftlich interessierten und tätigen Zahnarztes orientieren. Der Text einer Dissertation soll unpersönlich abgefasst sein. Man schreibt „Es wurden 1.000 Versuche durchgeführt." und nicht „Ich habe 1.000 Versuche durchgeführt." Die passive Ausdrucksweise führt leicht dazu, dass häufig Satzkonstruktionen mit „werden" und „wurde" auftreten. Besonders schwierig ist es, bei der Versuchsdurchführung andere Ausdrucksweisen zu finden. Mögliche Varianten sind beispielsweise „es erfolgt", „befindet sich", „daneben steht" oder „darüber ist befestigt". Der Gebrauch der Tempora führt oft zu Verwirrungen. Als Faustregel möge gelten: Alles, was für die vorliegende Arbeit spezifisch war, d. h. eine einmalige Angelegenheit war, steht im Imperfekt oder Perfekt. Hingegen sollen allgemeingültige Aussagen im Präsens stehen.

> Beispiel für den Gebrauch der Tempora:
> „Die Resultate des Versuches 3 bestätigten, dass Kompositmaterialien Wasser aufnehmen."

Für die Rechtschreibung von Fachausdrücken sind Fachlexika, für alles Übrige der Duden als verbindlich anzusehen. Bei Fachausdrücken ist die vom Lateinischen oder nach internationaler Übereinkunft die vom Angelsächsischen abgeleitete Schreibweise (z. B. in der Chemie) zu bevorzugen. Eine konsequente Handhabung der Schreibregeln ist bei Fremdwörtern schwierig. Eingedeutschte Fremdwörter sollten nach deutschen Rechtschreibregeln geschrieben werden, aber Wörter, die in ihrer ursprünglichen Sprache verwendet werden, gemäß den Regeln jener Sprache.

Beispiel für die Handhabung von Fremdwörtern:
zervikale Approximalkaries, aber Caries sicca

Andererseits sollen nicht unnötig Anglizismen oder „neudeutsche" Wörter verwendet werden, wenn gute, zutreffende deutsche Wörter vorhanden sind: Also nicht „testen", sondern „untersuchen", „prüfen" oder „messen". Ebenso muss man vermeiden, den zahnärztlichen Alltagsjargon zu verwenden. Man kann nicht von „Stents" schreiben, wenn man die thermoplastischen Kompositionsabformmassen als Werkstoffgruppe meint. Ebenso ist als ein anderes Beispiel der Ausdruck „Füller" als lautmäßige Übertragung des englischen Wortes „filler" nicht zutreffend. „Füller" ist im Deutschen eine Kurzform für die Bezeichnung eines Füllfederhalters. Dem englischen „filler" entspricht das deutsche Wort „Füllstoff".
Nicht nur in der mündlichen, sondern auch in der schriftlichen Darstellung besteht eine große Neigung, statt langen zusammengesetzten Substantiven oder umfangreichen Begriffen aus mehreren Wörtern Abkürzungen zu verwenden. Man kann nicht davon ausgehen, dass jedem die Abkürzung „Aküfi" geläufig ist (= Abkürzungsfimmel). Entsprechend sollte mit Abkürzungen sparsam umgegangen werden. Für wissenschaftliche Veröffentlichungen sind bei Zahnärzten geläufige Kurzformen, wie z. B. „mod" oder die Einheiten für Messgrößen (DERMANN 1978) als bekannt vorauszusetzen. Sonst sollte man Formulierungen wie „Die Oberflächenhärte wird nach VICKERS mit einer Belastung mit einem 10-kg-Gewicht (HV 10) bestimmt", wählen. Wenn z. B. an der Stelle, wo der Begriff erstmals benutzt wird, steht: „Die Elemente wurden mit der Atomabsorptionsspektroskopie (AAS) bestimmt.", dann kann man im nachfolgenden Text die Kurzform „AAS" weiter verwenden.
Die Lesbarkeit wird erleichtert, wenn eine Liste der verwendeten Abkürzungen voran steht.
Substantivische Begriffe sollten durch die ganze Arbeit hindurch immer gleich bleibend gebraucht und nicht durch Synonyme ersetzt werden. Es kann sein, dass der Leser das Synonym nicht kennt und denkt, dass es sich um etwas Neues oder Anderes handelt. Variationen sollten allerdings für die Verben benutzt werden, um die Dissertation lebendiger zu machen.
Werden bei zusammengesetzten Substantiven mit zwei Bestimmungswörtern diese zur Verdeutlichung durch einen Bindestrich getrennt, dann sollte auch das Grundwort zur Übersichtlichkeit mit einem Bindestrich abgetrennt werden (z. B. Pulver-Flüssigkeits-Verhältnis).
Die wissenschaftliche Ausdrucksweise führt leicht dazu, dass Bandwurm- und Schachtelsätze entstehen. Ertappt man sich dabei, sollte man versuchen, den Satz zu teilen. Die „Wenn" und „Aber" sind auch in einem zweiten Satz

darstellbar. Will man an seinem Stil arbeiten, ist dafür das Taschenbuch „Deutsch für Profis" (SCHNEIDER 1989) zu empfehlen. Wer sich auf amüsante Weise über gutes und richtiges Deutsch informieren möchte, findet in dem Taschenbuch „Der Dativ ist dem Genitiv sein Tod" (SICK 2004) viele Hinweise.

Da jeder Autor die Tendenz hat, eigene Fehler zu überlesen, empfiehlt sich folgendes Vorgehen, bevor man das Erstlingswerk dem Doktorvater vorlegt:

- Man lasse den Computer mithilfe eines Korrekturprogramms auf Rechtschreibung „lesen". Wenn der Computer einmal mit der Fachterminologie vertraut ist, geht die Kontrolle recht schnell. Man sollte in jedem Fall die Korrekturen Wort für Wort durchführen. Der Befehl „Immer ändern" sollte mit Bedacht angewendet werden.
- Verfügt man über ein fortgeschrittenes Programm zur Korrektur von Sprache und Stil, so ist es sinnvoll, den eigenen Text auch damit zu bearbeiten. Man wird dann zumindest auf sprachliche Unklarheiten und Unzulänglichkeiten (z. B. Bandwurmsätze, unnötige Füllwörter usw.) hingewiesen.
- Ein sprachgewandter, hilfsbereiter Freund ist immer besser als eine Maschine. Daher sollte, wenn möglich, nach den oben erwähnten Korrekturen die Arbeit von einem Kollegen durchgelesen werden.

5.5 Einheiten

Bei allen Messwertangaben ist darauf zu achten, dass die gültigen und gängigen Einheiten verwendet werden. Gemessene Kraftangaben in Kilopond sind noch vor der Zusammenstellung der ersten Tabelle in Newton umzurechnen. Es sollen immer die SI-Einheiten verwendet werden (DERMANN 1978, GRÜNIG 1980, LIPPERT 1980) (Tab. 5-2 und 5-3). Um die Angaben aus dem Schrifttum besser miteinander vergleichen zu können, ist es nicht nur zulässig, sondern empfehlenswert, Messwerte in solche der SI-Einheiten umzurechnen. Die Abkürzungen für die Einheiten stehen immer ohne Punkt.

> Beispiel für die Verwendung von Abkürzungen der Einheiten:
> „3 s" für „3 Sekunden", „7 min" für „7 Minuten"; aber:
> „min." bedeutet „minimal", „max." ist die Abkürzung für „maximal".

Besteht ein Symbol aus einem Eigennamen oder ist es davon abgeleitet, so besteht es aus einem Großbuchstaben (J für Joule) oder beginnt mit einem solchen (Hz für Hertz).

Maßangaben ohne Zahlen müssen ausgeschrieben werden, in Verbindung mit Zahlen werden sie hingegen abgekürzt.

> Beispiel:
> „Die Temperaturänderungen wurden in Grad Celsius pro Minute angegeben."

> Beispiel für die Angabe von Temperaturänderungen:
> Werte <Δ 5 °C/min wurden nicht erfasst.

Temperaturangaben sind in Grad Celsius anzugeben, wobei das Gradzeichen mit dem darauf folgenden Buchstaben eine Einheit bildet (1020 °C). Zahlenwert und Einheit werden stets mit einem Leerzeichen getrennt. Wird ein Computer verwendet, sollte es ein „geschütztes Leerzeichen" (Strg+Umschalt+Leertaste) sein, damit der Zahlenwert und die Einheit auch nach einem veränderten Umbruch immer in einer Zeile stehen und nie getrennt werden.
Quotienten werden entweder mit schrägem Bruchstrich oder negativem Exponenten geschrieben. Der Schrägstrich gilt als Bruchstrich und soll nicht für andere Zwecke verwendet werden.

> Beispiel für die Darstellung von Quotienten:
> m/s oder m s^{-1}

Man achte auf eine klare Trennung der Buchstabenkombinationen. Ungenauigkeiten können hier leicht zu deletären Konfusionen führen.

> Beispiel für die Bedeutung der präzisen Schreibweise bei Abkürzungen:
> ms^{-1} = eins durch Millisekunde
> m s^{-1} = Meter mal Sekunde hoch minus 1 = Meter pro Sekunde!

Bei der Angabe chemischer Substanzen ist auf die korrekte Schreibweise der Abkürzungen zu achten. Die Massen- oder Nukleonenzahl steht immer links oben vom Symbol (^{235}U; ^{99m}Tc oder ^{99}Tc^m). Wird das Element ausgeschrieben, dann tritt diese Zahl rechts neben das Element (Uran 235; Technetium 99m). Die Ordnungs- oder Protonenzahl erscheint links unten ($^{238}_{94}$Pu).

> Beispiele für die korrekte Charakterisierung von chemischen Elementen:
> ^{235}U; ^{99m}Tc oder ^{99}Tc^m

Ladung, Ionisierungszustand oder Wertigkeit werden rechts oben angegeben (Ca^{++} oder Ca^{2+}; Cl^-). Die stöchiometrische Zahl (Anzahl Atome je Molekül) erscheint rechts unten ($C_{10}H_{12}N_4O_4$).

Tabelle 5-2 Bezeichnungen und Symbole der SI-Grundeinheiten (aus GRÜNIG 1980)

Physikalische Definition	Name SI-Einheit	Symbol
Länge	Meter	m
Masse	Kilogramm	kg
Zeit	Sekunde	s
Elektrische Stromstärke	Ampere	A
Thermodynamische Temperatur	Kelvin	K
Lichtstärke	Candela	cd
Stoffmenge	Mol	mol
SI-Zusatzeinheiten:		
Ebener Winkel	Radiant	rad
Räumlicher Winkel	Steradiant	sr

Tabelle 5-3 Bezeichnungen und Symbole abgeleiteter SI-Einheiten (aus GRÜNIG 1980)

Physikalische Definition	Name SI-Einheit	Symbol
Energie	Joule	J
Kraft	Newton	N
Druck	Pascal	Pa
Leistung	Watt	W
Elektrische Ladung	Coulomb	C
Elektrische Spannung	Volt	V
Elektrischer Widerstand	Ohm	Ω
Elektrischer Leitwert	Siemens	S
Elektrische Kapazität	Farad	F
Lichtstrom	Lumen	lm
Beleuchtungsstärke	Lux	lx
Frequenz	Hertz	Hz
Magnetischer Fluss	Weber	Wb
Magnetische Flussdichte	Tesla	T
Induktivität	Henry	H

5.6 Tabellen und Abbildungen

5.6.1 Allgemeines

Tabellen und Abbildungen gehören keinesfalls insgesamt in den Anhang. Während der Verfasser alle Einzelheiten seiner Arbeit kennt, muss sich der Leser erst hineinfinden. Daher sollte jede Möglichkeit zum besseren Verständnis genutzt werden. Dies ist zu erreichen, wenn die Tabellen und Abbildungen beim entsprechenden Text stehen. In einer Tabelle können Messwerte übersichtlich dargestellt werden. Grafiken lassen Unterschiede oder Tendenzen deutlicher hervortreten als Tabellen. Man ist durch die Stellen hinter dem Komma nicht abgelenkt, sondern kann das Wesentliche einfacher erfassen.

Grafische Darstellungen müssen zum Druck der Arbeit die geeigneten Strichstärken aufweisen (s. Kap. 5.6.2). Die Beschriftung soll knapp, aber ausreichend sein. Insbesondere muss dem Leser klar werden, was die x- und die y-Achsen darstellen, wie sie geteilt sind, wie groß die Skalenschritte sind und welche Einheit und Größe dazugehören.

Tabellen, Fotos vom Versuchsaufbau und grafische Darstellungen sollen möglichst bei den Abschnitten eingeordnet werden, zu denen sie bevorzugt gehören. Zweckmäßig ist ein Verweis im Text.

Die Häufung bei der Darstellung der Versuchsergebnisse kann teilweise umgangen werden, wenn die dazugehörigen, aus den Tabellen abgeleiteten, grafischen Darstellungen erst bei der Diskussion erscheinen.

Alle Tabellen und alle Abbildungen werden getrennt durchnummeriert. In der Regel werden Tabellen mit „Tab." und Abbildungen mit „Abb." abgekürzt. Es ist praktisch, die Nummerierung der Tabellen und Abbildungen in jedem Kapitel neu zu beginnen. In Kapitel 1 haben dann alle Tabellen und Abbildungen den Präfix 1 vor der eigentlichen Nummer; in Kapitel 2 den Präfix 2; in Kapitel 3 den Präfix 3 usw. Dies hat den Vorteil, dass bei Änderungen in der Anzahl von Abbildungen und Tabellen nicht die Nummerierung in der ganzen Arbeit verändert werden muss.

Alle Tabellen und Abbildungen müssen im fortlaufenden Text erwähnt werden. Dabei sollte nicht der Inhalt der Tabelle wiedergegeben, sondern nur auf wesentliche und besonders interessante Daten oder Ergebnisse aufmerksam gemacht werden. Der Inhalt der Tabelle geht aus dem Tabellenkopf hervor. Insofern wäre die Inhaltsangabe im Text eine unnötige Redundanz.

Zu jeder Tabelle und Abbildung gehört eine möglichst kurze, erklärende Legende. Sie steht bei Tabellen über dem Tabellenkopf und bei Abbildungen unter dem Bild. Man bedenke, dass die Legende der Abbildung selbst erklärend sein muss, d. h., der Leser muss allein durch sie die Abbildung verstehen können. Es gibt faule Leser, die nur die Zusammenfassung lesen und die Abbildungen anschauen!

Gleiche Fakten oder Begriffe sollen immer gleich lautend benannt werden.

Reinschrift der Dissertation

Abb. 5-6 Abschreckendes Beispiel: nutzloses Foto.
Spektrophotometer mit HP 85B-PC. (Aus: Hager T.: Die Farbstabilität von
Kompositfüllungsmaterialien. Zahnmed Diss, FU Berlin, 1990.)

Bei Fotografien ist auf eine gute Qualität zu achten. Man bedenke, dass Fotos durch die zur Herstellung von Dissertationen verwendeten Druckverfahren in der Regel eine Qualitätseinbuße erleiden. Daher sind kontrastreiche Abbildungen vorzuziehen. Ferner wird man normalerweise Schwarz-weiß-Bilder verwenden. Benutzt man farbige Vorlagen, so sind diese bereits im Hinblick auf die Schwarz-weiß-Reproduktion herzustellen, indem man die Grauwerte der einzelnen Farbe bedenkt. Fotos dienen, wie bereits beschrieben, zur Erhöhung der Verständlichkeit und zur Veranschaulichung der Experimente oder Resultate. Daher sind Fotos von Chemikalienflaschen oder Standard-Computern wertlos; sie sind als reines Füllmaterial zu verwerfen (Abb. 5-6).

5.6.2 Drucktechnische Hinweise für Fotografien, grafische Darstellungen und Tabellen

Fotografien und grafische Darstellungen sind Blickfänger! Diese Tatsache, die in der Werbung grundsätzlich genutzt wird, sollte auch von Doktoranden zur Kenntnis genommen werden.

Daher ist der Präsentation von Abbildungen größte Aufmerksamkeit zu widmen. Sie müssen klar, übersichtlich und einprägsam sein.

Alles, was unwichtig ist, ist wegzulassen. Bei klinischen Aufnahmen sollten Hände, Retraktoren, Spiegelränder usw. nicht mitabgebildet werden. Bei der Wahl des Hintergrundes muss darauf geachtet werden, dass dessen Strukturen nicht dominant wirken und somit von der eigentlichen Bildaussage ablenken.

Es ist sinnvoll, Objekte und Situationen mit einem Foto abzubilden, wenn sie mit Worten nur schwer zu beschreiben sind. Werden Fotos z. B. im Abschnitt „Material und Methode" eingefügt, so sollten sie der Darstellung von Details dienen, die den Versuchshergang nachvollziehen lassen. Wird also ein Belastungsversuch in einer Universalprüfmaschine beschrieben, so ist ein Foto der Maschine insgesamt wenig informativ, die Abbildung des Probenkörpers in der Einspannvorrichtung dagegen essenziell.

Im Weiteren sollte man sich bewusst sein, dass auch bei einem wissenschaftlichen Buch „das Auge mitisst". In Analogie zum Restaurant, wo ansprechend präsentierte Gerichte besser schmecken, werden hochqualitative Abbildungen, bei denen auch auf die Ästhetik geachtet wird, die Lust, die wissenschaftliche Arbeit zu lesen, steigern (Abb. 5-7a, b und 5-8a, b).

Außerdem ist zu überlegen, ob man die Dissertation in konventioneller Weise mit *Originalfotos* (Schwarz-Weiß- oder Farbfotos) versieht, die eingeklebt werden, oder ob man mithilfe moderner Bilderfassungs- und Bildverarbeitungsmethoden die Abbildungen direkt in die Computertextdatei einfügt.

Es ist immer zu bedenken, dass die gebundene Dissertation in der Regel im DIN-A5-Format gedruckt wird, d. h., vom DIN-A4-Format her zu verkleinern ist. Dies muss bei der Auswahl der Abbildungen berücksichtigt werden, denn kleine Abbildungen wirken mit identischem Inhalt auf den Leser u. U. ganz anders als große Abbildungen. Es geht hier um dasselbe Phänomen, das alle Kinobesucher kennen. Derselbe Film wirkt im Kino (Großleinwand) ganz anders als zu Hause am Fernseher (Kleinformat).

Weiterhin ist zu bedenken, dass Farbfotografien aus Kostengründen nur als Schwarz-Weiß-Bilder gedruckt werden. Auch die Veröffentlichung als Mikrofilm ermöglicht keine Farbdarstellungen. Dies ist besonders zu beachten, da ästhetisch aussehende Farbfotos (z. B. Objekt vor schwarzem Hintergrund) bei der Umsetzung in Schwarz-Weiß durch die schwarze Fläche das Bild „erschlagen" (Abb. 5-9). Bei der Bildkomposition von Sachaufnahmen ist daher ein heller Hintergrund anzustreben. Die Umsetzung von Farbabbildungen in Graustufen-Abbildungen spielt natürlich bei klinischen Aufnahmen eine besondere Rolle. Speziell bei der Darstellung von Situationen, die von Farbnuancen leben, kann die Graustufen-Abbildung enttäuschend sein. Empfehlenswert ist daher, diese Umsetzung anhand einer Laserkopie vorzutesten, damit nicht erst im endgültigen Druckexemplar wenig hilfreiche Abbildungen enthalten sind.

Da die Dissertation im Regelfall mit dem Computer geschrieben wird, ist natürlich die Einbindung von eingescannten Abbildungen direkt in den Text verlockend. Abgesehen von der Tatsache, dass dadurch die Größe der Doku-

Abb. 5-7
Gute Beispiele
für klinische
Aufnahmen.

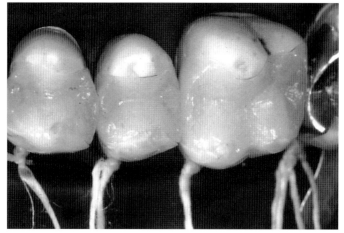

Abb. 5-7a Inlay-Einprobe unter Kofferdam. (Aus: Locke L.S.: Das Randverhalten gesinterter Feldspatkeramikinlays in Abhängigkeit von der Befestigungstechnik und vom Befestigungsmaterial - in vitro und in vivo. Zahnmed Diss, HU Berlin, 1996.)

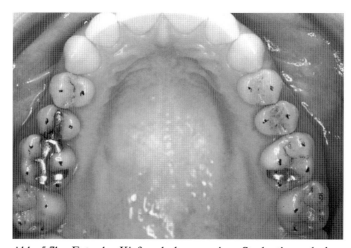

Abb. 5-7b Foto des Kieferzahnbogens einer Studentin nach dem Putzen mit der Plaque Control. Neben abgefärbten Plaquearealen sind mit blauem Permanentstift gekennzeichnete Höckerspitzen zu erkennen. Die Zähne 16, 15 und 26 sind mit Amalgamfüllungen konservierend versorgt. (Aus: Didner B.: Klinische Effektivität einer neuartigen Zahnbürste im Vergleich mit einer elektrisch betriebenen und einer Handzahnbürste. Zahnmed Diss, HU Berlin, 1996.)

mente extrem zunimmt und jeder für sich überprüfen muss, ob seine Hardware-Voraussetzungen dies ohne Schwierigkeiten ermöglichen, stellt sich die Frage, welche Qualität sich damit bei der Ausgabe erzielen lässt.

Abb. 5-8
Gute Beispiele
für Sach-
aufnahmen.

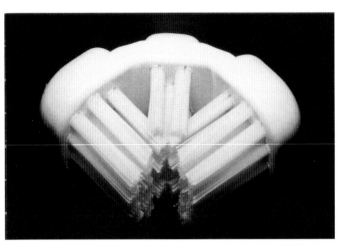

Abb. 5-8a Foto des Bürstenkopfes der Super Brush (Modell Junior).
(Aus: Didner 1996.)

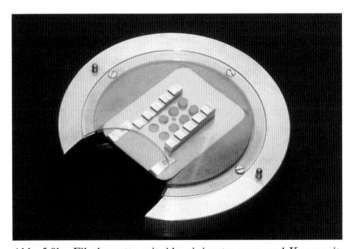

Abb. 5-8b Filmkassette mit Aluminiumtreppen und Kompositproben. (Aus: Hein C.M.: Die Röntgenopazität von Kompositfüllungsmaterialien. Zahnmed Diss, FU Berlin, 1988.)

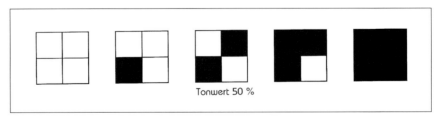

Abb. 5-9 Graustufenmöglichkeit einer 2 x 2-Matrix.

Bedenkt man, dass das menschliche Auge 80 bis 120 Graustufen differenzieren kann, so sind Dateien mit 8-Bit-Farbtiefe (2^8 = 256 Graustufen) völlig ausreichend.
Im Gegensatz zu Fotos, die echte Graustufen darstellen können, können Drucker Graustufen nur „simulieren", indem sie eine Pixelmatrix erzeugen, die dem Auge unterschiedliche Graustufen suggeriert.
Wird eine Darstellung angestrebt, die der Qualität eines Fotos nahe kommt, bedarf es einer 8x8-Matrix für 64 Graustufen; für eine fotoähnliche Darstellung ist eine 16x16-Matrix für 256 Graustufen erforderlich. Durch diese Matrixbildung sinkt automatisch das Auflösungsvermögen des Druckers und die Bilder erscheinen körniger. Die 2540 dpi (dots per inch)-Auflösung eines professionellen Belichters reduziert sich somit bei Darstellung von 256 Helligkeitsabstufungen auf 158,75 lpi (lines per inch).
Obwohl die Druckerhersteller durch neuere Technologien (Resolution Enhancement Technology, Photograde) das Auflösungsvermögen deutlich gesteigert haben, sind diese immer noch konventionellen Fotos unterlegen, die somit als Druckvorlage vorzuziehen sind.

Auch bei *Strichzeichnungen* und *Tabellen* sollte man der Versuchung widerstehen, einfach die Schriftgröße zu verkleinern, um eine Tabelle mit mehreren Spalten versehen zu können. Tabellen, die zum Lesen eine Lupe erfordern, sind nutzlos! Tabellen wirken besser, wenn die horizontale Gliederung durch etwas dickere Strichstärken hervorgehoben wird. Als weiteres Stilmerkmal sind **fette Schrift** und GROSSBUCHSTABEN zu empfehlen.
Tabellen sollten möglichst auf einer Seite untergebracht werden. Eine Dissertation wird normalerweise im Hochformat gedruckt. Somit sollte man versuchen, Tabellen im Hochformat zu entwickeln (z. B. FRENZEL 1993). Ausnahmen sind Tabellen, die wenige Zeilen, aber viele Spalten haben, so dass sie hochformatig die Seite nur schlecht ausnutzen würden. In diesen Fällen setzt die Seitenbreite deutliche Grenzen. Tabellen und Abbildungen im Querformat, die Seiten füllend sind, sollten nur ausnahmsweise zur Anwendung kommen, da sie den Leser zwingen, die Arbeit um 90 Grad zu drehen. Im Sinne eines Gedankenanstoßes sind in den Abbildungen 5-10 und 5-11 Vorlagen zu Tabellen dargestellt.

Zur Verbesserung der äußeren Form sollten alle Tabellen nach demselben Muster angelegt werden, was bei der Benutzung eines Computers ohnehin keine Schwierigkeiten macht. Dasselbe gilt auch für grafische Darstellungen. Zur Herstellung von Säulen-, Balken- oder Kreisdiagrammen und ähnlichen Darstellungsarten ist die Verwendung von Standardprogrammen (z. B. Harvard Graphics, Designer, Corel Draw usw.) sehr zu empfehlen. Bei geeigneter Programmwahl lassen sich die Daten bzw. deren Auswertungen direkt vom Statistikprogramm übernehmen, um Diagramme zu erstellen. Auch hier macht sich Einheitlichkeit sehr positiv bemerkbar. Man muss nicht unbedingt die Grafiken in das Textprogramm importieren, was mitunter zu Kom-

Mittelwert: $\bar{x}$ Standardabweichung: s Variationskoeffizient: V Maximal- und Minimalwert						Material: **Charisma**

Herstellungsmodus	$\bar{x}$ [MPa]	s [MPa]	V [%]	Maximum [MPa]	Minimum [MPa]	Werkstoff-parameter
einschichtig	125,36	16,86	13,45	158,89	96,40	
zweischichtig	123,74	17,21	13,91	145,95	95,70	
zweizeitig	88,36	17,91	20,27	109,10	58,27	
zweizeitig ohne sauerstoff. S., o. Haftv.	68,45	12,55	18,34	85,87	44,74	
zweizeitig ohne sauerstoff. S., m. Haftv.	78,73	13,63	17,31	107,62	62,03	
zweizeitig ohne sauerstoff. S., m. Silanl.	96,39	12,03	12,48	121,73	83,39	Biege-festigkeit
zweizeitig, 1 Tag, ohne Haftvermittler	65,74	12,45	18,93	81,59	45,96	
zweizeitig, 1 Tag, mit Haftvermittler	67,72	10,02	14,80	81,80	45,06	
zweizeitig, 1 Tag, mit Silanlösung	93,01	17,97	19,32	121,37	57,03	
zweizeitig, 3 Monate, ohne Haftvermittler	45,03	15,05	33,42	71,39	28,24	
zweizeitig, 3 Monate, mit Haftvermittler	46,71	8,10	17,33	59,33	34,71	
zweizeitig, 3 Monate, mit Silanlösung	93,66	18,20	19,43	126,34	64,04	
einschichtig	9.022,69	466,25	5,17	9.712,51	8.168,73	
zweischichtig	9.107,05	306,77	3,37	9.378,80	8.371,73	
zweizeitig	9.028,42	401,06	4,44	9.472,58	8.412,36	
zweizeitig ohne sauerstoff. S., o. Haftv.	8.890,76	475,00	5,34	9.567,55	7.929,66	
zweizeitig ohne sauerstoff. S., m. Haftv.	8.264,06	212,13	2,57	8.537,91	7.775,36	
zweizeitig ohne sauerstoff. S., m. Silanl.	9.103,98	444,55	4,88	9.912,07	8.250,83	Elastizitäts-modul
zweizeitig, 1 Tag, ohne Haftvermittler	9.022,56	373,93	4,14	9.712,51	8.454,00	
zweizeitig, 1 Tag, mit Haftvermittler	8.248,19	487,56	5,91	8.796,89	7.623,97	
zweizeitig, 1 Tag, mit Silanlösung	9.076,92	387,30	4,27	9.425,46	8.168,54	
zweizeitig, 3 Monate, ohne Haftvermittler	8.913,71	619,95	6,96	9.850,77	7.623,97	
zweizeitig, 3 Monate, mit Haftvermittler	8.197,47	421,61	5,14	8.753,50	7.501,12	
zweizeitig, 3 Monate, mit Silanlösung	9.044,52	456,70	5,05	9.664,43	8.537,91	
einschichtig	8.403,31	389,74	4,64	9.181,10	7.886,75	
zweischichtig	8.473,29	314,40	3,71	8.876,70	7.962,62	
zweizeitig	8.292,97	163,79	1,98	8.488,94	8.053,60	
zweizeitig ohne sauerstoff. S., o. Haftv.	8.514,23	484,68	5,69	9.320,58	7.817,92	
zweizeitig ohne sauerstoff. S., m. Haftv.	7.548,25	280,20	3,71	8.008,57	6.933,23	
zweizeitig ohne sauerstoff. S., m. Silanl.	8.492,42	418,29	4,93	9.226,91	7.885,04	Biege-modul
zweizeitig, 1 Tag, ohne Haftvermittler	8.355,24	307,83	3,68	8.802,04	7.861,07	
zweizeitig, 1 Tag, mit Haftvermittler	7.492,00	361,73	4,83	7.847,79	7.033,89	
zweizeitig, 1 Tag, mit Silanlösung	8.317,69	312,08	3,75	8.765,02	7.854,72	
zweizeitig, 3 Monate, ohne Haftvermittler	8.614,03	614,07	7,13	9.182,56	7.034,84	
zweizeitig, 3 Monate, mit Haftvermittler	7.497,68	390,52	5,21	8.082,45	7.038,55	
zweizeitig, 3 Monate, mit Silanlösung	8.386,61	392,52	4,68	8.896,60	7.691,19	

Tab. 25: Biegefestigkeit, Elastizitätsmodul und Biegemodul von Charisma bei Schichttechnik und Reparatur

Abb. 5-10 Beispiel für eine Tabelle aus dem Anhang. Die Tabelle ist zwar gedrängt, aber eine Rückverfolgung der Messwerte ist möglich. Die hier fehlende Angabe der Versuchsanzahl n befindet sich in der Dissertation in der gemeinsamen Tabellenübersicht für den Anhang. (Aus: Frenzel C.: Biegefestigkeit und Elastizitätsmodul von neun zahnärztlichen Composites bei Schichttechnik oder Reparatur. Zahnmed Diss, FU Berlin, 1993.)

In den tabellarischen Darstellungen der einzelnen Untersuchungsergebnisse werden folgende Abkürzungen verwendet:

Nr.	=	Versuchsnummer
P.-Nr.	=	Probennummer
Kraft	=	Abzugskraft in der Einheit [N]
Weg	=	Weg bis zur Fraktur in der Einheit [mm]
F 1	=	erste Flächenmessung in der Einheit [mm^2]
F 2	=	zweite Flächenmessung in der Einheit [mm^2]
SD	=	Standardabweichung der Flächenmessungen F 1 und F 2
F	=	arithmetisches Mittel von F 1 und F 2 in der Einheit [mm^2]
Kraft/Fläche	=	Verbundfestigkeit in der Einheit [MPa]
Fraktur	=	Frakturmodus (s. Kap.4.5)
⇓	=	Abstand der Schnittebene zur SZG 0,75 mm
⇑	=	Abstand der Schnittebene zur SZG 1,5 mm
DHM	=	Dentinhaftmittel
	=	Präparation ohne Anschrägung
	=	Präparation mit Anschrägung

Frontzähne, Gruppe 1   ⇑

Nr.	P.-Nr.	Kraft	Weg	F 1	F 2	SD	F	Kraft/Fläche	Fraktur
1	35	38,30	0,14	4,03	4,06	0,02	4,05	9,47	G2
2	39	49,46	0,34	3,72	3,81	0,06	3,77	13,14	A
3	22	54,43	0,37	4,36	4,44	0,06	4,40	12,37	A
4	25	39,08	0,28	3,71	3,52	0,13	3,62	10,81	G2
5	18	38,17	0,17	2,57	2,67	0,07	2,62	14,57	A
6	36	63,39	0,35	3,26	3,24	0,01	3,25	19,50	A
7	11	34,81	0,22	4,10	3,88	0,16	3,99	8,72	G2
8	50	36,97	0,17	2,82	2,62	0,14	2,72	13,59	G2
9	52	43,45	0,30	4,29	4,21	0,06	4,25	10,22	A
10	26	55,11	0,25	3,62	3,52	0,07	3,57	15,44	G2
Median		41,27	0,26	3,72	3,67	0,07	3,69	12,75	
Mittelwert		45,32	0,26	3,65	3,60	0,08	3,62	12,78	
SD		9,69	0,08	0,60	0,61	0,05	0,60	3,24	
Varianz		93,95	0,01	0,36	0,38	0,00	0,37	10,47	

Abb. 5-11 Beispiel für eine Tabelle aus dem Anhang. Die Abkürzungen werden in einer gepaarten Legende erklärt. Dieses Vorgehen ist zu empfehlen, wenn viele gleich gegliederte Tabellen publiziert werden. (Aus: Haak R.: Verbundfestigkeit von Komposit und Zahnhartsubstanzen im approximalen Zahnhalsbereich. Zahnmed Diss, FU Berlin, 1995.)

patibilitätsproblemen führen kann. Computerausdrucke können auch fotografisch verkleinert (mittels hartem Strichfilm) und dann mit den anderen Abbildungen auf extrahartem Fotopapier reproduziert werden. So entstehen scharfe Strichzeichnungen (nur schwarz oder weiß), die sich durch den Glanz des Papiers gut vom Text abheben. Dieses Verfahren eignet sich auch vorzüglich zur Verkleinerung von Tuschezeichnungen, die, wenn man sich nicht für das Zeichnen mit Computerprogrammen entscheidet, das Mittel der Wahl sind.

Strichdicken und *Schriftgrößen* bei Zeichnungen für Druckwerke sind in DIN 474 genormt.
Danach sind für das gedruckte Werk im DIN-A5-Format folgende Strichdicken einzuhalten:

- Hauptteile 0,2–0,3 mm
- hervorzuhebende Teile 0,3–0,6 mm
- Nebenteile 0,15–0,2 mm
- Die kleinste Strichdicke sollte nicht unter 0,15 mm liegen.

Bei Diagrammen (grafische Darstellungen im Koordinatensystem) sind folgende Punkte zu beachten (nach DIN 461):

- Die Strichdicken von Netz, Achsen und Kurven sollten sich wie 1:2:4 verhalten.
- Die Achsen sind zu beschriften und mit Einheiten zu versehen. Beispiel: Entweder steht bei der Beschriftung z. B.: Druck [MPa] oder die Einheit steht am Ende der Achse.
- Bei Uhrzeiten muss jede Zahl mit der Einheit versehen sein (z. B. 12:00 h).
- Winkelgrade stehen auch bei jeder Zahl (z. B. 30°, 45°).
- Bei mehreren neben- oder übereinander angeordneten Diagrammen kann man die Achsenbeschriftungen zwischen den Bildern weglassen, sofern dadurch keine Verwirrung entsteht.
- Die Schriften sollten möglichst ohne Drehen des Diagramms lesbar sein. Sind ausgeschriebene Wörter an der senkrechten Achse nicht zu vermeiden, so soll die Schrift durch Drehen der Seite um ein Viertel in Richtung Uhrzeigersinn lesbar sein.
- Zusätzliche Angaben, wie Zuordnungen von Symbolen oder Schraffuren, sind weit peripher anzuordnen, um eine gute Übersichtlichkeit des Diagramms nicht zu gefährden. Es ist oft besser, solche Angaben in der Legende unterzubringen.

Die Schriftgrößen in Abbildungen sind auch genormt. Gemäß DIN 461 hängt die Größe ebenfalls von der Weite der Schrift ab. Die Schrift in Hauptteilen soll folgende Höhen aufweisen:

- Mittelschrift: 2 mm
- Engschrift: 2,5 mm
- Breitschrift: 1,6 mm.

In Nebenteilen gilt entsprechend: 1,2; 1,6 bzw. 1 mm.
Bei allen Angaben zu Strichstärken und Schriftgrößen ist an die spätere Verkleinerung auf DIN-A5 zu denken.
In den Abbildungen 5-12 bis 5-18 werden verschiedene Beispiele demonstriert. Abbildung 5-16a zeigt ein Negativbeispiel. Eine scheinbar moderne Darstellungsart stellt die Zusammenhänge schlechter dar als das schlichte Säulendiagramm in Abbildung 5-16b.

5.6.3 Formeln

Formeln, besonders Strukturformeln, sind wie Abbildungen zu handhaben. Chemische Strukturformeln sollten mit Schablonen erstellt werden. Es gibt auch Textverarbeitungsprogramme, die speziell für Chemiker entwickelte Module zur Darstellung von Formeln enthalten (z. B. ChemIntosh oder ChemDraw). Damit erspart man sich natürlich das mühsame Erstellen mit Schablonen.

5.7   Literaturzitate

5.7.1   Allgemeines

Erfahrungsgemäß macht das korrekte Zitieren von Literatur immer Schwierigkeiten.
Ein wichtiger Punkt ist die Auswahl der zu zitierenden Arbeiten. In der Regel wird man zuerst alles zusammentragen, was erhältlich ist, und muss dann die relevanten Arbeiten auswählen. Hierzu einige Hinweise:

- Wenn eine große Anzahl an Publikationen zu einem Themenkreis vorliegt, den man nicht im Detail erarbeiten möchte, kann man auf Übersichtsarbeiten verweisen.
- Für eine Dissertation stehen wissenschaftliche Arbeiten, deren Aussagen sich auf Experimente und Untersuchungen stützen, an erster Stelle.
- Arbeiten, die in Fachzeitschriften erschienen sind, bei denen eine Begutachtung durch ein Expertengremium obligatorisch vorgenommen wird, sind vorzuziehen (z. B. besser Schweiz Mschr Zahnmed als Swissdent).
- Originalarbeiten sind Abstracts vorzuziehen. Wenn man ein Abstract zitieren möchte, sollte man immer überprüfen, ob die Arbeit nicht zu einem späteren Zeitpunkt als ausführliche Publikation erschienen ist.
- Fortbildungsartikel sind zur Zitierung in wissenschaftlichen Arbeiten zumeist weniger geeignet.

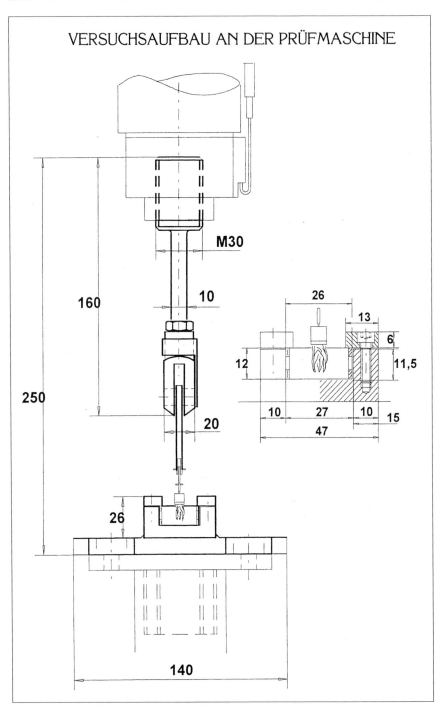

Abb. 5-12a Versuchsaufbau an der Prüfmaschine „Instron 8501" (Bemaßung in mm). (Aus: Haak 1995.)

Abb. 5-12a bis c
Gute Beispiele
für Zeichnungen.

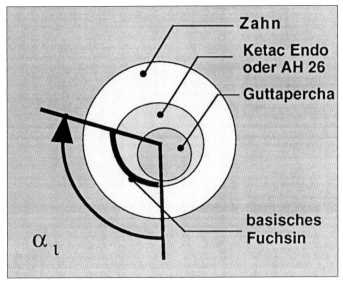

Abb. 5-12b Darstellung der Auswertung des Penetrationswinkels. (Aus: Gasparini C.: Dichtigkeitsprüfungen thermoplastischer Wurzelfüllungen in geraden und gekrümmten Kanälen bei Zähnen mit weitem apikalen Foramen in vitro. Zahnmed Diss, FU Berlin, 1994.)

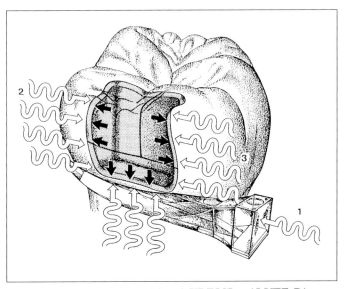

Abb. 5-12c „Umhärtetechnik" nach KREJCI und LUTZ. Die geraden Pfeile zeigen die jeweiligen Schrumpfungstendenzen der drei Inkremente. (Aus: Sylaff C.M.: Vergleich von verschiedenen zahnhartsubstanzschonenden Adhäsivversorgungen für approximale kariöse Läsionen mit und ohne Inserts - eine In-vitro-Untersuchung im Zahnkranzmodell. Zahnmed Diss, FU Berlin, 1995.)

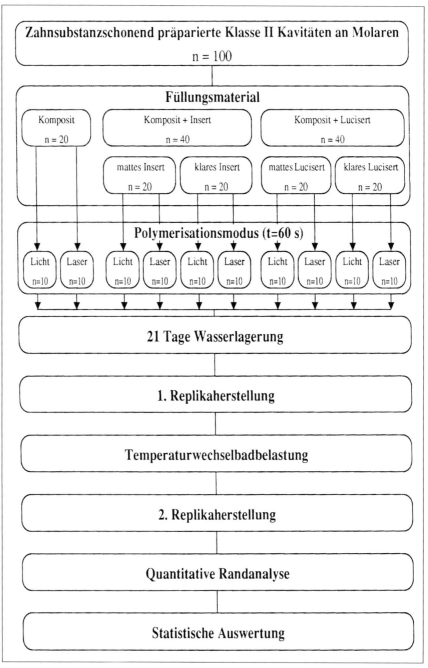

Abb. 5-13 Beispiel für ein Flussdiagramm. Ablaufdiagramm der Methodik. (Aus: Lösche A.C.: Verbesserung der Randqualität von Kompositfüllungen durch lichtleitende und lichtstreuende Glaskeramikeinsätze – eine In-vitro-Untersuchung. Zahnmed Diss, FU Berlin, 1992.)

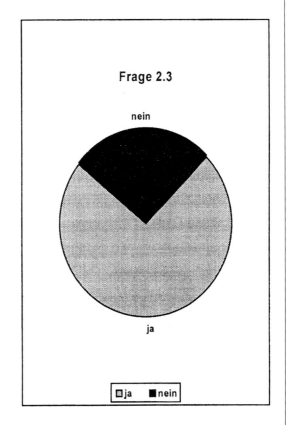

Abb. 5-14 Beispiel für ein Kreisdiagramm. (Aus: Werdelmann J.: Die Entwicklung der Mundhygiene und der parodontalen Sondierungstiefen von Teilnehmern eines Präventivzahnmedizinkurses unter der Verwendung von drei verschiedenen Parodontalsonden. Zahnmed Diss, HU Berlin, 1995.)

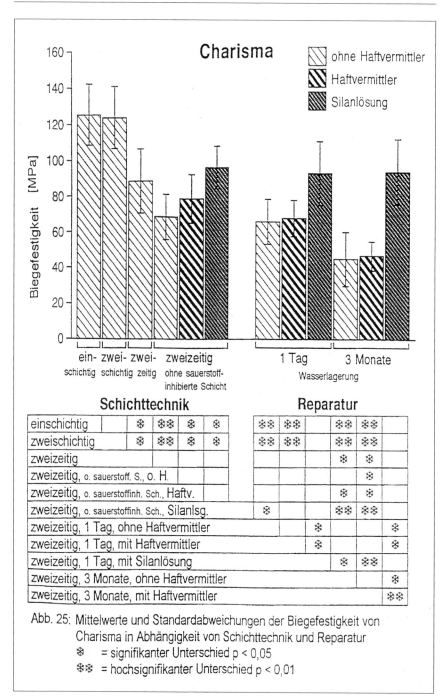

Abb. 5-15 Beispiel für ein Säulendiagramm mit dazugehöriger statistischer Auswertung. Die hier fehlende Angabe der Versuchsanzahl n befindet sich in der Dissertation im Text, da sie für alle Versuche gleich war. (Aus: Frenzel 1993.)

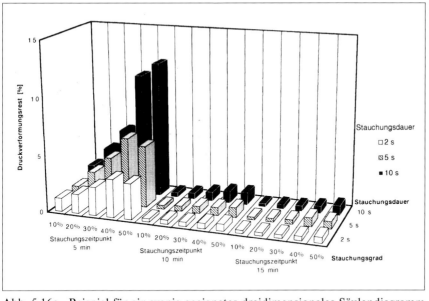

Abb. 5-16a Beispiel für ein wenig geeignetes dreidimensionales Säulendiagramm zur Darstellung eines komplexen Zusammenhanges. Die Höhe der Balken lässt sich nur schwer abschätzen. Ein Vergleich der verschiedenen Balken ist kaum möglich. Die Linien für die Skala sind zu dünn. Die Buchstabengröße ist wegen der umfangreichen Beschriftung zu klein. Vergleiche dazu Abbildung 5-16b. (Aus: Tschöp M.: Druckverformungsrest in Abhängigkeit von Abbindezeit, Stauchungsgrad und Stauchungsdauer sowie Verformungsspannung von drei zahnärztlichen elastomeren Abformmaterialien. Zahnmed Diss, FU Berlin, 1987.)

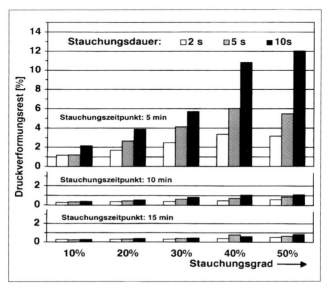

Abb. 5-16b Beispiel für ein Säulendiagramm zur Darstellung des gleichen komplexen Zusammenhanges wie in Abbildung 5-16a. Die Abhängigkeit des Druckverformungsrestes vom Stauchungszeitpunkt, -grad und von der Stauchungsdauer sind viel besser als in Abbildung 5-16a zu erkennen und zu vergleichen.
(Aus: Tschöp 1987.)

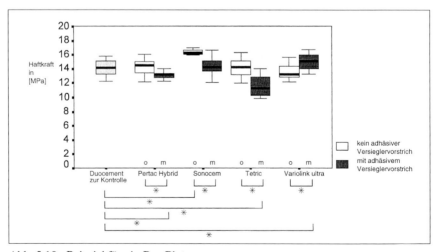

Abb. 5-17 Beispiel eines Kurvendiagramms für die Verarbeitung von Prothesenkunststoff in einer Küvette. Der Druck ist mit der ausgezogenen und der gestrichelten Linie sowie der dazugehörigen Skala für den Druck links dargestellt, der Temperaturverlauf ist mit der punktierten Linie und der Strich - doppelt punktierten Linie sowie der dazugehörigen Skala für die Temperatur rechts dargestellt. In der ersten halben Stunde werden der Druck beim Pressen, in den nächsten zwei Stunden die Temperatur und der Druck beim Polymerisieren und anschließend die Temperatur und der Druck beim Abkühlen auf Raumtemperatur gezeigt. (Aus: Vogel A.: Druck- und Temperaturverlauf während der Verarbeitung von heißpolymerisierendem Prothesenkunststoff. Zahnmed Diss, FU Berlin, 1987.)

Abb. 5-18 Beispiel für ein Box-Plot.
dicke Balken = Median, Oberkante Kästchen = 75 % aller Werte, Unterkante Kästchen = 25 % aller Werte. (Aus: Gerstenberger A.: Untersuchungen zur Verbundqualität von hochgefüllten Befestigungskompositen und Zahnschmelz unter Anwendung von Ultraschall bei der Applikation in vitro. Zahnmed Diss, FU Berlin, 1996.)

- Fallbeschreibungen sind in der Regel auch wenig ergiebig. Ausgenommen sind beschreibende Arbeiten, die sich mit seltenen Fällen befassen (z. B. Mundschleimhauterkrankungen).
- Werbeartikel („Ich mache es so, weil ich es gut finde und meine Patienten es schön finden.") gehören nicht in eine wissenschaftliche Publikation.

5.7.2 Zitate im Text

Hier einiges zum Zitiermodus im Text. Wie oben schon erwähnt, sollte man in der endgültigen Fassung die Literaturhinweise mit Ziffern (lfd. Nr. des Literaturverzeichnisses) angeben ([33]). Mehrere Arbeiten werden in aufsteigender Reihe, durch Kommas getrennt, angegeben ([34, 55, 67, 68, 90]). In der Regel wird der Hinweis direkt nach dem Satz oder Begriff, auf den er bezogen ist, gesetzt. Verweist man im Text einmal auf einen Autor, so sollte der Autorenname in GROSSBUCHSTABEN oder KAPITÄLCHEN stehen. Man verweist dann auf die Quelle mit einer Zahl oder gibt das Jahr der Publikation an.

> Beispiele für Zitate von Autorennamen im Text:
> MEISTERSCHREIBER (1992) oder
> MEISTERSCHREIBER [79] oder
> MEISTER-SCHREIBER und KLEX (1995) oder bei mehr als 2 Autoren
> MEISTERSCHREIBER et al. (1995)

5.7.3 Literaturverzeichnis

Die formale Darstellung der zitierten Literaturstellen im Literaturregister ist immer wieder Grund zu Diskussionen. Im Folgenden sollen einige allgemeine Regeln zur alphabetischen Auflistung gegeben werden. Weiterhin sind mehrere mögliche „Stile" der Darstellung von Literaturquellen beschrieben. Grundsätzlich wird nach dem Namen des Erstautors alphabetisch aufgelistet.

> Beispiel für alphabetische Auflistung nach Autorennamen:
> Archibald steht vor Beer, Reetz vor Roulet, Roulet vor Roux usw.

Bei gleichen Namen wird zuerst nach den Initialen weiter untergliedert (Meier P. steht vor Meier R.). Als weiteres Kriterium kommt die Jahreszahl hinzu.

> Richtige Reihenfolge im Zitiermodus unter Verwendung des Vornamens und der Jahreszahl:
> Meier P. 1988
> Meier P. 1990
> Meier R. 1979
> Meier R. 1990

Werden zwei Autoren zitiert, so kommt als nächstes Ordnungskriterium der Autorenname des Zweitautors dazu, die nächst tiefere Ordnungsstufe ist dann das Jahr.

> Beispiel für die korrekte Reihenfolge im Zitiermodus bei zwei Autoren:
> Roulet J.-F. 1972
> Roulet J.-F. 1977
> Roulet J.-F. und Mettler P. 1976
> Roulet J.-F. und Mettler P. 1978
> Roulet J.-F. und Roux J. 1975

Kommt ein dritter Autor oder kommen mehrere Autoren hinzu, so werden diese Publikationen, nachdem alle mit zwei Autoren aufgelistet sind, nach demselben Prinzip aufgeführt

> Beispiel für die Auflistung von Publikationen mit mehr als zwei Autoren:
> Roulet J.-F. 1972
> Roulet J.-F. 1977
> Roulet J.-F. und Mettler P. 1976
> Roulet J.-F. und Roux J. 1975
> Roulet J.-F., Friedrich U. und Mettler P. 1977
> Roulet J.-F., Noack M.J. und Blunck U. 1986
> Roulet J.-F., Lösche G.M., Rauch R. und Blunck U. 1989

Adelsprädikate und sonstige Präpositionen und Artikel werden hinter die Initialen gestellt und stehen zusammen mit diesen hinter den Familiennamen.

> Korrekte Auflistung von adligen Familiennamen:
> Grafenried, P. von
> Habsburg, F. Graf zu
> Vauville, J. de

Hingegen werden eingeschmolzene Partikel, die mit dem Namen in einem Wort geschrieben werden, als Bestandteile des Namens behandelt:

> Dutoit E.
> Lechevalier H.
> MacMillan C.
> McKenzie F.
> Vanherle G.

Doppelnamen und zusammengesetzte Namen werden mit dem ersten Familiennamen eingeordnet.

Korrekte Zitierweise von Doppelnamen:
Castro Monteiro de Barros Netto M.J.
Neuner-Schmidt F.
Roulet-Huber C.
Waterschoot van der Gracht, W.A.J.H. van

Für die weiteren bibliografischen Angaben im Quellenverzeichnis ist vorab festzulegen, in welcher Reihenfolge diese Angaben gemacht und durch welche Satzzeichen sie getrennt werden sollen. Die Festlegung ist dann konsequent anzuwenden.
Es gibt im Wesentlichen folgende Möglichkeiten:

- DIN 1505
- Vancouver Style
- World Medical Periodicals
- Berlin Style.

Bei allen Zitiermodi sind die Interpunktionen wichtig. Sie sollen in einer Veröffentlichung gleich bleibend gehandhabt werden. Deshalb sind sie in den ersten beiden Beispielen explizit hervorgehoben, um den Leser für deren Wichtigkeit zu sensibilisieren.

DIN 1505

Bücher:
Alle Autorennamen mit abgekürzten Vornamen, Titel, Auflage (nur wenn mehrere erschienen), Erscheinungsort, Verlag, Jahr. Wird nur auf einen Teil verwiesen, dann noch die Seitenzahl (Anfang bis Ende).

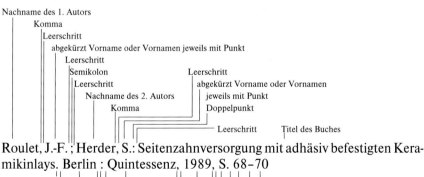

Roulet, J.-F. ; Herder, S.: Seitenzahnversorgung mit adhäsiv befestigten Keramikinlays. Berlin : Quintessenz, 1989, S. 68–70

Beiträge in Sammelwerken:
Alle Autorennamen mit abgekürzten Vornamen, Titel des Beitrages. In: Alle Herausgebernamen mit abgekürzten Vornamen (Hrsg.), Titel des Sammelwerkes, Band (nur wenn mehrere erschienen), Erscheinungsort, Verlag, Jahr, Seiten (Anfang bis Ende).

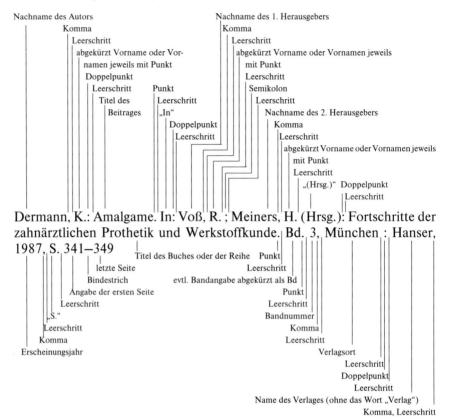

Zeitschriftenaufsätze:
Alle Autorennamen mit abgekürzten Vornamen, Titel des Beitrages. Abgekürzter Titel der Zeitschrift (nach World Medical Periodicals), Band, Jahrgang und Seiten.

> Beispiel:
> Viohl, J. ; Venz, S.: Über die Polymerisation von Kunststoffen. Dt. zahnärztl. Z. 77 (1989), S. 341-353

Dissertationen:
Autorenname mit abgekürztem Vornamen, Titel. Med. Diss. (Zahnmed. Diss.), Universität (Kurzbezeichnung, wenn eindeutig), Universitätsort, Jahr.

> Beispiel:
> Hein, C.M.: Die Röntgenopazität von Kompositfüllungsmaterialien. Zahnmed. Diss., FU Berlin 1988

Abstracts:
Beim Zitieren von Abstracts müssen die Seitenzahl und die Abstract-Nummer stehen.

> Beispiel:
> Noack, M.J. ; DeGee, A.J. ; Roulet, J.-F. ; Davidson, C.L.: Interfacial wear of luting composites of ceramic inlays in vitro. J. dent. Res. 71 (1992), S. 113 (Abstr. no. 58).

Die Angabe des Verlages bei Büchern und Sammelwerken wird in DIN 1505 nicht gefordert, doch ist sie in medizinischen und zahnmedizinischen Veröffentlichungen allgemein üblich. Der Name des Verlages wird auf das Wesentliche abgekürzt, z. B.: aus „Georg Thieme Verlag" wird „Thieme". Dissertationen werden wie Bücher zitiert. Anstelle des Verlages steht dann das Kürzel „Diss.", das mit der entsprechenden Fachrichtung zu ergänzen ist (Med. Diss. oder Zahnmed. Diss.). Die Verfassernamen werden nicht mit Bindewörtern (und, et, and usw.), sondern nur durch Semikolon getrennt. Zur bibliografischen Vollständigkeit gehört die Angabe der Namen **aller** Autoren einer Publikation. Die im Text übliche Angabe „et al." ist im Literaturverzeichnis nicht statthaft. In der DIN 1505 werden die Zeitschriftennamen nach „World Medical Periodicals" (s. Anhang) abgekürzt.
Titel von fremdsprachlichen Beiträgen (z. B. englisch, französisch, italienisch) werden mit Ausnahme des ersten Buchstabens und von Eigennamen, abweichend von den deutschen Regeln für Groß- und Kleinschreibung, ausschließlich klein geschrieben.
Die Angabe von Heftnummern ist in der Regel nicht nötig, da im medizinischen und zahnmedizinischen Bereich die Seitenzahlen pro Jahrgang durchnummeriert werden. Ist dies aber nicht der Fall, so muss zur eindeutigen Identifikation der Quelle die Heftnummer in Klammern hinter dem Jahrgang stehen. So sind bei der Zeitschrift „Die Quintessenz" bis zum Jahr 1980 (= Jahrgang 31) einschließlich die Seiten der monatlich erscheinenden Hefte jeweils neu mit „1" beginnend durchnummeriert. Dann muss beispielsweise angegeben werden:

> Simonsen, R.J.: Grübchen- und Fissurenversiegelung: Klinische Technik und Untersuchungsergebnisse (II). Quintessenz S. 25–37 (1980, 7)

Andernfalls gelangt man beim Suchen zu Seite 25 im ersten Heft 1980 und findet dort: Eifinger, F.F.: Rationelle Kavitätenpräparation in der konservierenden Zahnheilkunde. Quintessenz S. 25–31 (1980, 1).

Vorträge:
Autorennamen, mit abgekürzten Vornamen, Titel des Vortrages. Bezeichnung der Veranstaltung mit Ort und Datum.

Beispiel:
Holz, J.: Dentinpermeabilität und physiologische Unbedenklichkeit von Produkten und Techniken für ästhetische und adhäsive Füllungen. Fédération Dentaire Internationale, 79th Annual World Dental Congress, Milano, 10. 10. 1991

Manuskripte:
Nicht veröffentlichte Manuskripte zu publizieren, macht wenig Sinn. Will man einmal nicht darauf verzichten, dann dürfen nur solche Beiträge zitiert werden, deren Manuskript von der Zeitschrift zur Veröffentlichung angenommen wurde. Anstelle der Seitenzahl steht dann „im Druck" oder „in press".

Persönliche Mitteilungen:
Besondere Schwierigkeiten bereiten wichtige Hinweise, die man vom Doktorvater oder einem Mitarbeiter der Abteilung erhalten hat, die aber nirgendwo veröffentlicht und damit allgemein zugänglich sind. Für diesen Fall, der immer die Ausnahme ist, sollte man ebenfalls entsprechend zum Namen eine Nummer vorsehen, diese im Text anführen und im Literaturverzeichnis angeben.

Beispiel:
Eichner, K.: persönliche Mitteilung 1991

Geräte:
Für Geräte existieren häufig Gebrauchsanweisungen, aus denen Kennwerte für das Gerät oder die Vorgehensweisen für die Versuche entnommen werden. Die Gebrauchsanweisung gehört eindeutig zu dem betreffenden Gerät, ist aber häufig nicht mit der Jahreszahl oder dem Druckdatum versehen. In diesem Fall kann man nur unvollständig zitieren. Als Verlag sollte jedoch der Firmenname angegeben werden, da die Firma die Gebrauchsanweisung herausgegeben hat. Wenn das Anschaffungsjahr des Gerätes bekannt ist, kann man als Hilfe dieses Jahr mit „(?)" dahinter im Literaturverzeichnis angeben:

Vancouver Style

Der Vancouver Style ist bemüht, möglichst kurz zu sein und mit wenigen Interpunktionen auszukommen. Zudem ist die Reihenfolge etwas anders:

- Die abgekürzten Vornamen aller Autoren werden ohne Komma und Punkt nachgestellt. Die Namen der Autoren werden durch Kommata voneinander getrennt. Nach dem letzten Autor folgt ein Punkt.

- Der Titel der Veröffentlichung oder des Buches wird entsprechend den jeweiligen Sprachregelungen (also außer im Deutschen bis auf den ersten Buchstaben und bis auf Eigennamen klein) geschrieben.
- Die Zeitschrift wird nach Index Medicus (s. Anhang) abgekürzt. Alle Wörter werden mit großem Anfangsbuchstaben geschrieben, es gibt keinen Abkürzungspunkt.
- Der Jahrgang steht vor Band und Seite.
- Der Jahrgang wird nicht in Klammern gesetzt, sondern durch Semikolon vom Band getrennt. Zwischen Band und Seiten steht ein Doppelpunkt.
- Die Seitenzahlen werden in komprimierter Form angegeben (nicht 351-357, sondern 351-7).
- Bei Zeitschriftentiteln entfällt die Bezeichnung Bd. und S., da Band und Seiten durch die von Satzzeichen getrennten Routineanordnungen ohnehin klar sind.
- Zwischen Jahr, Band und Seitenzahlen stehen keine Leerzeichen.

Die führenden angloamerikanischen Zeitschriften haben sich 1979 auf die Abkürzungen des Index Medicus (Vancouver Style) geeinigt (HUTH 1980, INTERNATIONAL STEERING COMMITEE 1979).

Beispiele für Literaturzitate nach dem Vancouver Style:

Dermann K. Amalgame. In: Voß R, Meiners H (Hrsg), Fortschritte der zahnärztlichen Prothetik und Werkstoffkunde, Bd 3. München: Hanser, 1987:341-9.

Hein CM. Die Röntgenopazität von Kompositfüllungsmaterialien. Berlin, FU: Zahnmed Diss 1988.

Holz J. Dentinpermeabilität und physiologische Unbedenklichkeit von Produkten und Techniken für ästhetische und adhäsive Füllungen. Fédération Dentaire Internationale, 79th Annual World Dental Congress, Milano, 10.10.1991.

Noack MJ. Individualprophylaxe ist ein Mißverständnis. DZW 1992;14/92:25.

Noack MJ, DeGee AJ, Roulet JF, Davidson, CL. Interfacial wear of luting composites of ceramic inlays in vitro. J Dent Res 1992;71:113 (Abstr no 58).

Roulet J-F, Herder S. Seitenzahnversorgung mit adhäsiv befestigten Keramikinlays. Berlin: Quintessenz, 1989:68-70.

Viohl J, Venz S. Über die Polymerisation von Kunststoffen. Dtsch Zahnärztl Z 1989;77:341-53.

World Medical Periodicals

Dieser Zitiermodus, der von führenden europäischen Verlagen empfohlen wird, richtet sich nach der im Verlag Butterworth in London erscheinenden „World Medical Periodicals" (s. Kap. 9.3) und deren Nachträgen. Die allgemein verwendeten Abkürzungen, aufgrund derer diese Liste aufgebaut ist, sind im Anhang dargestellt.

Weiterhin findet sich im Anhang eine Auswahl abgekürzter Titel medizinischer und verwandter Zeitschriften und Buchreihen.
Dieser Zitiermodus ist ähnlich wie der Modus nach DIN, unterscheidet sich aber in einigen Punkten:

- Zwischen Autorenname und Vorname steht ein Komma.
- Die einzelnen Autoren werden durch Semikolon getrennt.
- Nach dem letzten Autor, der nicht mit und/and verbunden wird, steht ein Doppelpunkt.
- Die Titel, die nicht in deutscher Sprache geschrieben sind, werden mit Ausnahme des ersten Buchstabens und von Eigennamen grundsätzlich klein geschrieben.
- Nach dem Titel steht ein Punkt, dem der Name der nach der „World Medical Periodicals" abgekürzten Quelle (Zeitschrift) folgt.
- Die Bandnummer wird unterstrichen, es folgt ein Doppelpunkt.
- Nach den Seitenzahlen (Anfang bis Ende) steht das Erscheinungsjahr in Klammern.
- Hinweise auf Verlage stehen mit dem Erscheinungsjahr in Klammern und werden auch hier auf das Wesentliche gekürzt, man benennt nur einen Ort der Geschäftsniederlassung.
- Jedes Einzelzitat beginnt mit einer neuen Zeile, wird fortlaufend geschrieben und endet mit einem Punkt.

> Beispiele für Zitate entsprechend dem „World Medical Periodicals" Zitiermodus:
>
> Dermann, K.: Amalgame; in: Voß; Meiners. Fortschritte der zahnärztlichen Prothetik und Werkstoffkunde. Bd. 3, S. 341–349 (Hanser, München 1987).
>
> Hein, C.M.: Die Röntgenopazität von Kompositfüllungsmaterialien. Zahnmed. Diss., FU Berlin (1988).
>
> Holz, J.: Dentinpermeabilität und physiologische Unbedenklichkeit von Produkten und Techniken für ästhetische und adhäsive Füllungen. Fédération Dentaire Internationale, 79th Annual World Dental Congress, Milano, 10.10.1991.

Noack, M.J.: Individualprophylaxe ist ein Mißverständnis. DZW 14/92: 25 (1992).

Noack, M.J.; DeGee, A.J.; Roulet, J.-F.; Davidson, C.L.: Interfacial wear of luting composites of ceramic inlays in vitro (Abstr. no. 58). J. dent. Res. 71: 113 (1992).

Roulet, J.-F.; Herder S.: Seitenzahnversorgung mit adhäsiv befestigten Keramikinlays. pp. 68-70 (Quintessenz, Berlin 1989).

Viohl J.; Venz S.: Über die Polymerisation von Kunststoffen. Dt. zahnärztl. Z. 77: 341-353 (1989).

Berlin Style

Der Berlin Style erscheint als bester Kompromiss durch Kombination der anderen Zitiermodi im Hinblick auf Einfachheit und Übersichtlichkeit:

- Jedes Einzelzitat beginnt mit einer Leerzeile.
- Autoren, Titel und Quelle beginnen mit je einer neuen Zeile.
- In der Autorenzeile werden die Autoren durch Komma getrennt. Zwischen Name und Vorname steht kein Satzzeichen. Das Ende der Autorenzeile wird mit einem Doppelpunkt versehen.
- Die Zeitschriften werden nach dem Index Medicus abgekürzt, aber wie im Zitiermodus nach der „World Medical Periodicals" aufgereiht.

Beispiele für Literaturlisten nach dem Berlin Style:

Dermann K.:
Amalgame.
In: Voß R., Meiners H.: Fortschritte der zahnärztlichen Prothetik und Werkstoffkunde. Bd. 3,
Hanser München, 341-349, 1987.

Hein C.M.:
Die Röntgenopazität von Kompositfüllungsmaterialien.
Zahnmed Diss, FU Berlin, 1988.

Holz J.:
Dentinpermeabilität und physiologische Unbedenklichkeit von Produkten und Techniken für ästhetische und adhäsive Füllungen.
Fédération Dentaire Internationale, 79th Annual World Dental Congress, Milano, 10. 10. 1991.

Noack M.J.:
Individualprophylaxe ist ein Mißverständnis.
DZW 14/92: 25, 1992.
Noack M.J., DeGee A.J., Roulet J.-F., Davidson C.L.:
Interfacial wear of luting composites of ceramic inlays in vitro.
J Dent Res 71: 113 (Abstr. no. 58), 1992.

Roulet J.-F., Herder S.:
Seitenzahnversorgung mit adhäsiv befestigten Keramikinlays.
Quintessenz Berlin, 68-70, 1989.

Viohl J., Venz S.:
Über die Polymerisation von Kunststoffen.
Dtsch Zahnärztl Z 77: 341-353, 1989.

5.8 Durchsicht der Arbeit

Um die vollständige Arbeit in eine veröffentlichungsreife Form zu bringen, wird sie in einen Klemmhefter (z. B. Leitz 3944) geheftet und dem Doktorvater vorgelegt. Der Doktorand sollte bestrebt sein, die Arbeit soweit wie möglich in die endgültige Fassung zu bringen. Der Doktorvater kann nicht wissen, was der Doktorand von sich aus noch verbessern will oder als fertig ansieht. Trennungen sollten erst für die letzte Fassung durchgeführt werden. Bei allem Aufwand an Fleiß und Sorgfalt sollte der Doktorand nicht zu betrübt sein, wenn der Doktorvater korrigiert. Es ist zu berücksichtigen, dass der Doktorand seine erste Dissertation verfasst, während der Doktorvater größere Erfahrung mit wissenschaftlichen Veröffentlichungen hat. Sind sich Doktorand und Doktorvater einig und die Korrekturen ausgeführt, ist alles fertig für den nächsten Schritt.

Hat die Dissertation alle Korrekturen überstanden, so wird sie, wie in Kapitel 5 beschrieben, in das endgültige Format bezüglich Schriftart, Schriftgrößen und Darstellung gebracht. Hier sollten jetzt die Trennungen ausgeführt sein, beim Computer aber auf jeden Fall mit Bestätigung, um solche Trennungen, wie z. B. „Kerami-kinlay", zu vermeiden. Dann wird die Dissertation ein letztes Mal dem Doktorvater zur Schlusskontrolle im Klemmhefter vorgelegt.

6 Eröffnung des Promotionsverfahrens

Schon vor dem Schreiben der Dissertation sollte sich der Doktorand bei der für die Promotionen zuständigen Stelle der Fakultät (Dekanat, Büro für akademische Grade, Promotionsbüro) informieren, welche Punkte bei der endgültigen Gestaltung der Dissertation (z. B. Ausführung der Titelseite) zu beachten und welche Bescheinigungen bei der Anmeldung vorzulegen sind (s. Checkliste im Kap. 9.5).
Mit dem Einreichen der Dissertation zur Eröffnung des Promotionsverfahrens sind in der Regel folgende Dokumente vorzulegen:
- Antrag auf Eröffnung des Promotionsverfahrens (s. Formblatt Abb. 6-1),
- eine Bescheinigung über die Immatrikulation oder Exmatrikulation an der jeweiligen Universität oder der Nachweis über ein abgeschlossenes Studium der Human- bzw. Zahnmedizin,
- Name und Fachrichtung des betreuenden Hochschullehrers,
- Name, Vorname, Geburtsdatum und Anschrift des Doktoranden,
- vier maschinenschriftliche Exemplare der Dissertation im A4-Format und in deutscher Sprache (nur in Ausnahmefällen auch in englischer Sprache möglich, ergänzt durch eine ein- bis zweiseitige Zusammenfassung in deutscher Sprache, muss beim Promotionsausschuss schriftlich beantragt und begründet werden),
- eine Befürwortung des betreuenden Hochschullehrers,
- eine unterschriebene eidesstattliche Erklärung des/der Bewerbers/in, dass er/sie die vorgelegte Dissertation selbst verfasst und keine anderen als die angegebenen Quellen und Hilfsmittel benutzt hat (kann gleichzeitig Bestandteil der Dissertation sein),
- ein unterschriebener Lebenslauf, der durch Zeugnisse zu belegende Angaben zu Studiengängen, Berufstätigkeit und Erwerb akademischer Grade enthalten muss,
- eine Erklärung des/der Bewerbers/in, dass die Dissertation erstmalig und nur an dieser Universität eingereicht wird,
- Approbationsurkunde als Kopie und Vorlage des Originals, falls die Kopie nicht beglaubigt wurde,
- das Zeugnis über die erfolgreich abgeschlossene zahnärztliche Prüfung als Kopie und Vorlage des Originals, falls die Kopie nicht beglaubigt wurde,
- eine unterschriebene Zustimmung zur Speicherung und Verwertung der für die Promotion erforderlichen technischen und persönlichen Daten,
- Personalausweis oder vergleichbares Dokument,
- ein polizeiliches Führungszeugnis, das nicht älter als acht Wochen ist.

Herr
Martin Muster
Musterstraße 77
77777 Musterhausen

Campus Benjamin Franklin
Promotionsausschuss
Hindenburgdamm 30
12203 Berlin

Berlin, den ....

Betr.: Antrag auf Eröffnung eines Promotionsverfahrens

Sehr geehrte Damen und Herren,

hiermit beantrage ich die Eröffnung eines Promotionsverfahrens zum Erwerb des akademischen Grades Dr. med. / Dr. med. dent. / Dr. rer. medic. / Dr. rer. cur. / PhD der Neurowissenschaften mit der von mir verfassten Dissertationsschrift zum Thema: „.."

Alle erforderlichen Unterlagen liegen diesem Antrag bei.

Unterschrift
M. Mustermann

Abb. 6-1 Muster für den Antrag auf Eröffnung eines Promotionsverfahrens

Über die Gleichwertigkeit zahnmedizinischer Studienabschlüsse, die außerhalb des Geltungsbereiches des Grundgesetzes erworben wurden, siehe Kapitel 2.3.
Bei der Charité – Universitätsmedizin Berlin schlägt der wissenschaftliche Betreuer, der grundsätzlich ein Gutachter ist, dem Promotionsausschuss fünf weitere Gutachter mit vollständigen Anschriften vor (s. Formblatt Abb. 6-2).

Eröffnung des Promotionsverfahrens

> Frau/Herr..
> hat unter meiner Betreuung eine Dissertation mit dem Thema:
>
> ....
> ....
> ....
>
> angefertigt.
> **Hinweis: Bitte fünf Gutachter angeben, von denen mindestens drei nicht der Charité angehören sollten. Diese bitte mit vollständigen Anschriften. Die Charité-Gutachter sollten möglichst nicht Mitarbeiter in der Klinik/dem Institut des Betreuers sein und dürfen nicht Mitglied der Arbeitsgruppe (z. B. Co-Autoren) sein. Da der Betreuer stets Gutachter ist, reichen Unterschrift und Stempel rechts unten!**
> Als Gutachter schlage ich vor:
> 1.
> ....
> ....
> ....
>
> 2.
> ....
> ....
> ....
>
> 3.
> ....
> ....
> ....
>
> 4.
> ....
> ....
> ....
>
> 5.
> ....
> ....
> ....
>
> Kenntnisnahme des/der betreffenden übernehmenden Hochschullehrers/in für den Fall einer unabhängigen Dissertation (lt. § 6 (1) b) PromOMed)
>
> Name, Unterschrift und Stempel des/der betreuenden Hochschullehrers/in

Abb. 6-2 Formblatt für den Gutachtervorschlag

Aus den Gutachtervorschlägen werden zwei Gutachter bestellt, die nicht der Arbeitsgruppe oder Institution des Betreuers angehören dürfen. Einer dieser Gutachter muss Hochschullehrer auf Dauer an der Medizinischen Fakultät Charité sein, der andere sollte Hochschullehrer an einer Einrichtung außerhalb der Charité - Universitätsmedizin Berlin sein. Die Gutachten werden unabhängig voneinander erstellt.

Die Gutachter sind gehalten, innerhalb von drei Monaten ein Gutachten zu erstellen, das die Annahme der Dissertation mit der Note

„summa cum laude" (ausgezeichnet, 0)
„magna cum laude" (sehr gut, 1)
„cum laude" (gut, 2)
„rite" (genügend, 3)

empfiehlt oder die Dissertation mit „non sufficit" (ungenügend, 5) ablehnt.
Bei einer unvertretbaren Verzögerung der Begutachtung kann der Promotionsausschuss einen Gutachter ersetzen.
Fällt ein Gutachten ablehnend aus oder verlangt ein Gutachter Änderungen der Dissertation, so sind dem Doktoranden die Mängel mit dem Hinweis auf Beseitigung mitzuteilen. Die überarbeitete Dissertation ist innerhalb eines Jahres wieder vorzulegen und wird von den Gutachtern erneut beurteilt.
Beurteilen zwei Gutachter auch nach Überarbeitung die Dissertation mit „non sufficit", so gilt die Dissertation als abgelehnt und das Verfahren wird abgebrochen.
Fällt nach Überarbeitung der Dissertation lediglich ein Gutachten ablehnend aus, so bestellt der Promotionsausschuss einen weiteren Gutachter. Fällt die Beurteilung dieses Gutachters auch ablehnend aus, so gilt die Dissertation als abgelehnt und das Promotionsverfahren wird abgebrochen.
Nach ihrer Ablehnung verbleibt die Dissertation mit sämtlichen Gutachten bei den Akten des Promotionsausschusses.
Der Abbruch des Promotionsverfahrens wird dem Kandidaten innerhalb von zwei Wochen unter Angabe der Gründe und mit dem Hinweis auf sein oder ihr Recht auf Einspruch und Anhörung durch den Promotionsausschuss schriftlich mitgeteilt.
Beurteilen alle Gutachter die Dissertation mindestens mit „rite", so gilt die Dissertation als angenommen.
Vom Abschluss der Begutachtung der Dissertation bis zum Abschluss der mündlichen Prüfungen, mindestens jedoch für 14 Tage, liegen die Dissertation und die Gutachten in der Akademischen Verwaltung für die Hochschullehrer oder Hochschullehrerinnen der Medizinischen Fakultät zur vertraulichen Einsichtnahme aus. In diesem Zeitraum sind Einwände möglich, die dem Promotionsausschuss mit einer Begründung vorzulegen sind. Über die Berücksichtigung dieser Einwände entscheidet der Promotionsausschuss.

7 Druck der Dissertation

Bereits vor der Fertigstellung der Dissertation sollte man mit der Druckerei Kontakt aufnehmen, um sich über die Ausführung, Kosten und zeitliche Abwicklung einig zu werden. Siehe auch Kapitel 5, in dem schon vorab eine ganze Reihe von Hinweisen in Hinblick auf den Druck gegeben wurde.
Der Rücken der Dissertation sollte eine helle Farbe aufweisen, damit er beschriftet werden kann. Die Beschriftung sollte Folgendes beinhalten:

- Name, Initialen: Kurztitel. Jahr

Sind alle Prüfungen bzw. die Disputation erfolgreich abgeschlossen, erhält der Doktorand eine schriftliche Information vom Promotionsbüro. Erst jetzt ist es sinnvoll, die Arbeit drucken zu lassen.

Üblicherweise muss die Dissertation nach Abschluss des Verfahrens veröffentlicht, d. h. in angemessener Weise der wissenschaftlichen Öffentlichkeit zugänglich gemacht werden. Dies kann beispielsweise als erfüllt gelten, wenn der Universitätsbibliothek folgende Pflichtexemplare abgeliefert werden:

- 30 gebundene Exemplare im A5- oder A4-Format, Einband Paperback oder
- 3 Exemplare in kopierfähiger Maschinenschrift mit der Mutterkopie und 30 weitere Kopien in Form von Mikrofiches.

Vor der Vervielfältigung sind auf der Titelblattrückseite (s. Abb. 2b) nachzutragen:

- die Namen der Gutachter,
- letztes Prüfungsdatum neben „Datum der Promotion".

Neben den Pflichtexemplaren, die die Universitätsbibliothek, und den Exemplaren, die der Fachbereich bzw. die Fakultät erhält, sollte man mehr Exemplare drucken lassen. Die Kosten werden dadurch nur gering erhöht. Der Doktorand sollte etwa 10 bis 20 Exemplare für sich selbst beiseite legen (z. B. für eine spätere Habilitation oder zur Vorlage bei Bewerbungen). Ferner sollte er Exemplare für den Doktorvater und andere, die ihn bei der Arbeit unterstützt haben, sowie für Eltern, Ehepartner oder Freunde vorsehen.

Teilweise besteht die Möglichkeit, die Dissertationen auch elektronisch (d. h. über das Internet) zu publizieren. Für den interessierten Doktoranden ist damit zunächst ein zusätzlicher Aufwand verbunden, der seine Entschädigung nur dadurch erfährt, dass er zu denen zählt, deren Dissertation im Internet als Volltext zur Verfügung stehen würde. Der Doktorand kann sich über die Möglichkeit der elektronischen Publikation bei der Universitätsbibliothek erkundigen.

8   Promotion

Vor der Promotion muss in der Regel noch eine letzte Hürde genommen werden. Es muss entweder eine Promotionsprüfung abgelegt oder die Promotionsarbeit öffentlich verteidigt werden.
Je nach Universität kann beispielsweise der Vorsitzende des Promotionsausschusses jeweils drei Hochschullehrer, die verschiedenen Fachrichtungen – darunter mindestens einem theoretischen und einem klinischen Fach – angehören müssen, zu Prüfern bestimmen, die je eine mündliche Promotionsprüfung von maximal 30 Minuten mit dem Doktoranden durchführen müssen. Die Prüfer dürfen üblicherweise nicht Betreuer oder Gutachter der Dissertation sein. Das Ziel der Prüfung ist, dass der Doktorand seine Befähigung nachweist, die Ergebnisse der Dissertation und ihren Bezug zu Theorie und Praxis der Medizin sowie ihre sachlichen und methodischen Grundlagen zu verteidigen. Die Beurteilung der Prüfungen erfolgt nach der in Kapitel 6 aufgeführten Bewertungsskala. Sind die Noten unterschiedlich, so ergibt sich die Gesamtnote für die mündlichen Prüfungen als Mittel der Einzelnoten. Zwischennoten werden ab ‚5 zur schlechteren Bewertung, Zwischennoten besser als ‚5 zur besseren Bewertung gerundet. „Nicht bestanden" ist schriftlich zu begründen.
Oder es findet eine öffentliche Disputation statt, beispielsweise wenn:

- die Dissertation von allen drei Gutachtern besser als „cum laude" bewertet wurde,
- von vier Gutachten eines ablehnend ist.

Zur öffentlichen Disputation, in der der Doktorand in maximal 15 Minuten seine Arbeit vorstellen und in einer anschließenden Diskussion „verteidigen" muss, wird vom Promotionsausschuss eine Abnahmekommission benannt. Diese entscheidet üblicherweise in nicht öffentlicher Sitzung im Anschluss an die Disputation über die Note.

Die Bewertung des Promotionsverfahrens erfolgt in der Weise, dass im Falle

- mündlicher Prüfungen der oder die Vorsitzende des Promotionsausschusses die Gesamtnote als Mittel aus den einzelnen Benotungen der Dissertation durch die Gutachter und dem Mittel der mündlichen Prüfungen festsetzt,

– der Disputation der erweiterte Promotionsausschuss im Anschluss an die Disputation in einer nicht öffentlichen Sitzung die Gesamtnote als Mittel aus den gutachterlichen Noten und der Disputation bestimmt.

Ist die Disputation auch in der Wiederholung nicht bestanden oder die Dissertation insgesamt abgelehnt, gilt die Promotion als „nicht bestanden". Wenn eine der mündlichen Prüfungen auch nach Wiederholung nicht bestanden wurde, entscheidet der Promotionsausschuss über den Fortgang des Verfahrens. Die Gründe für die Ablehnung werden dem Antragsteller schriftlich mitgeteilt.
Der Promotionsausschuss informiert die ärztlichen bzw. zahnärztlichen Ausbildungsstätten in der Bundesrepublik Deutschland, an denen Promotionen durchgeführt werden, über die Ablehnung der Dissertation.
Den Abschluss des Promotionsverfahrens bildet die Übergabe der Urkunde im Rahmen einer feierlichen Verabschiedung. In Berlin setzt der Dekan die Termine der Promotionsfeiern fest und gibt sie allen Hochschullehrern schriftlich bekannt.

Nach der Entgegennahme der Promotionsurkunde haben Sie das Recht zum Führen des Grades eines
Dr. med. dent.
erworben.

Es ist geschafft. Man kann zu Recht mit Stolz erfüllt sein, eine wissenschaftliche Arbeit vollendet zu haben. Die üblicherweise im Anschluss an die offizielle Promotionsfeier dann mit Eltern und Freunden durchgeführte Feier hat der frisch gebackene Doktor verdient und kann nun einmal im Mittelpunkt stehen.

9 Anhang

9.1 Umrechnungstabelle für nicht zum SI-System gehörende Einheiten in SI-Einheiten
(modifiziert nach GRÜNIG 1980)

Nicht SI-Einheit		SI-Einheit		Multiplizieren mit
at	technische Atmosphäre	Pa	Pascal	98 066,5
atm	physikalische Atmosphäre	Pa	Pascal	101 325
bar	Bar	Pa	Pascal	100 000
cal	Kalorien	J	Joule	4,1868
cm H_2O	Zentimeter Wassersäule	Pa	Pascal	98,07
dyn	Dyn	N	Newton	10^{-5}
erg	Erg	J	Joule	10^{-7}
°F	Fahrenheit	°C	Celsius	$5/9\,(x-32)$
ft	foot	m	Meter	0,3048
ft^2	square foot	m^2	Quadratmeter	$9,2903 \times 10^{-2}$
ft^3	cubic foot	m^3	Kubikmeter	$2,8317 \times 10^{-2}$
ft^3	cubic foot	l	Liter	28,32
G	Gauß	T	Tesla	10^{-4}
in	inch	cm	Zentimeter	2,54
in^2	square inch	cm^2	Quadratzentimeter	6,4516
in^3	cubic inch	cm^3	Kubikzentimeter	16,3871
kp	Kilopond	N	Newton	9,80665
lb	pound	g	Gramm	453,59
mm HG	mm Quecksilbersäule	Pa	Pascal	133,322
mm H_2O	mm Wassersäule	Pa	Pascal	9,80665
oz	ounce	g	Gramm	28,35
oz	ounce, fluid	ml	Milliliter	29,6
yd	yard	m	Meter	0,9144

9.2 Buchstabensymbole für dezimale Vielfache und Teile von Einheiten
(aus GRÜNIG 1980)

Vorsilbe	Symbol	Definition		Beispiel
Exa-	E	10^{18}	= 1 000 000 000 000 000 000	= Trillion
Peta-	P	10^{15}	= 1 000 000 000 000 000	= Billiarde
Tera-	T	10^{12}	= 1 000 000 000 000	= Billion[a]
Giga-	G	10^{9}	= 1 000 000 000	= Milliarde[a]
Mega-	M	10^{6}	= 1 000 000	= Million
Kilo-	k	10^{3}	= 1 000	= Tausend
Hekto-[b]	h	10^{2}	= 100	= Hundert
Deka-[b]	D[c]	10^{1}	= 10	= Zehn
Dezi-[b]	d	10^{-1}	= 0,1	= Zehntel
Zenti-[b]	c	10^{-2}	= 0,01	= Hundertstel
Milli-	m	10^{-3}	= 0,001	= Tausendstel
Mikro-	µ	10^{-6}	= 0,000 001	= Millionstel
Nano-	n	10^{-9}	= 0,000 000 001	= Milliardstel
Piko-	p	10^{-12}	= 0,000 000 000 001	= Billionstel
Femto-	f	10^{-15}	= 0,000 000 000 000 001	= Billiardstel
Atto-	a	10^{-18}	= 0,000 000 000 000 000 001	= Trillionstel

[a] In den USA wird 10^{12} stets als „trillion", 10^9 als „billion" bezeichnet.
[b] Gebräuchlich, aber zur Bildung neuer Einheiten nicht empfohlen.
[c] In der Schweiz, Frankreich und Belgien auch „da", in England „dk".
Nicht mehr gebräuchlich sind doppelte Präfixe, z. B. mµg für 10^{-9} g = ng oder µµm für 10^{-12} m = pm.

9.3 Allgemeine Abkürzungen gemäß der „World Medical Periodicals"
(aus GRÜNIG 1980)

Beachte folgende allgemeine Regeln für die Schreibweise der Anfangsbuchstaben einzelner Begriffe:

- Substantive groß, Adjektive klein.
- Adjektivische Ableitungen von Ländernamen und anderen geografischen Einheiten beginnen nur in englischen Titeln mit Großbuchstaben.
- In allen anderen Sprachen sind adjektivische Ableitungen von Ländernamen und anderen geografischen Einheiten kleingeschrieben.

A. (auch Annu.)	= Annual
Abstr.	= Abstract(s)
Abt.	= Abteilung
Acad.	= Academy
Actual.	= Actualités
Adv.	= Advances
Akad.	= Akademie
akt.	= aktuelle
allg.	= allgemeine(r)
Am.	= American, America
Anais	(nicht abkürzen)
anat.	= anatomische(r)
Ann.	= Annals
Annali	(nicht abkürzen)
Annln	= Annalen
Annls (auch Ann.)	= Annales
Annotnes	= Annotationes
Annu. (auch A.)	= Annual
Anz.	= Anzeiger
appl.	= applied
Arb.	= Arbeiten
Arch.	= Archiv, Achives
Archo (auch Arch.)	= Archivio
Archos (auch Arch .)	= Archivos
Archs (auch Arch.)	= Archives
Archvm (auch Arch.)	= Archivum
ärztl.	= ärztliche(r)

Ass.	= Association
Aust.	= Australian, Australia
Australas.	= Australasian
Austria(n)	(nicht abkürzen)
Beitr.	= Beiträge
Ber.	= Bericht(e)
Biblthca	= Bibliotheca
Boll.	= Bollettino
Bolm	= Boletim
Boln	= Boletín
Br.	= British
Bull.	= Bulletin
C.r.	= Compte rendu
Can.	= Canadian, Canada
can.	= canadien(ne)
Cas.	= Casopis
clin.	= clinical
Clin. (auch Clins)	= Clinics
comp. (auch compar.)	= comparative
Commun.	= Communication
Conf.	= Conference
Congr.	= Congress
Contr.	= Contributions
cslká	= ceskoslovenská
curr.	= current
dent	= dental
Dev.	= Development(s)
devl (auch dev.)	= developmental
Dis.	= Disease(s)
dt.	= deutsche(n)
Engl.	= England
Ergebn.	= Ergebnisse
Eur.	= European
exp. (auch expl)	= experimental, experimentelle
Fd (auch Food)	= Food
Fdn	= Foundation
Fed.	= Federation
Forsch.	= Forschung
FortbildK.	= Fortbildungskurs(e)

Fortschr.	= Fortschritte
Fr.	= France
fr.	= français(e)
Front.	= Frontiers
G.	= Giornale
Gaz.	= Gazette
Geb.	= Gebiet(e)
gen.	= general
genet.	= genetic
Germ. (auch Ger.)	= German
ges.	= gesamte
Grenzgeb.	= Grenzgebiete
helv.	= helvetica
Her.	= Herald
Hft.	= Hefte
Hlth (auch Health)	= Health
Hosp.	= Hospital
hum. (auch human)	= human
hung.	= hungarica
Hyg.	= Hygiene
ind.	= industrial
inn.	= innere
Inst.	= Institut (e)
Instn	= Institution
int.	= international
intern.	= internal
Invest.	= Investigation(s)
investve	= investigative
Ir.	= Irish
ital.	= italiano, italiani
J. (auch Jl)	= Journal
Jap.	= Japanese
Jb.	= Jahrbuch
klin.	= klinisch(e)
Lab.	= Laboratory
M. (auch Mon.)	= Monthly
Mag.	= Magazine
Mbl.	= Monatsbla(e)tt(er)

med.	= medical, medizinische(r)
Med.	= Medicine, Medizin
mednl (auch medicinal)	= medicinal
Meet.	= Meeting
Mem.	= Memoirs
Mém.	= Mémoires
Mems	= Memorias
ment.	= mental
Meth.	= Methods
Mh.	= Monatshefte
Mitt.	= Mitteilungen
mod.	= modern
mol. (auch molec.)	= molecular, molekular
mon.	= monthly
Monogr.	= Monographs
Monogrn	= Monografien
Monogrs	= Monographies
Mschr.	= Monatsschrift
Mus.	= Museum
N. Am.	= North America
N. Y.	= New York
N. Z.	= New Zealand
natn.	= national
neerl.	= neerlandica
nouv.	= nouveau, nouvelle(s)
occas. (auch occ.)	= occasional
Org.	= Organization
Pap.	= Papers
Path. (auch Pathol.)	= Pathology, Pathologie, Pathologia
Pharm.	= Pharmacy, Pharmazie
pharm.	= pharmaceutica(l)
pharmac.	= pharmacologica(l)
Pharmac. (auch Pharmacol.)	= Pharmacology
phys.	= physical, physikalische(r)
physiol.	= physiological, physiologische(r)
Probl. (auch Prob.)	= Problems, Probleme
Proc.	= Proceedings
Prog. (auch Progr.)	= Progress
publ. (auch public)	= public
Publs	= Publications

Q.	= Quarterly
q.	= quarterly
R.	= royal
r.	= royal(e), rendu
Rdsch.	= Rundschau
Rec.	= Record(s)
Recl	= Recueil
Rep.	= Report(s)
Res.	= Research
Rev.	= Review
Revta (auch Rev.)	= Revista
Revue (auch Rev.)	= Revue
Riv.	= Rivista
S. Afr.	= South Africa(n)
Sber.	= Sitzungsbericht
Scand.	= Scandinavian
scand.	= scandinavica
Sch.	= School
schweiz.	= schweizerische(r)
Sci.	= Science
scient. (auch sci.)	= scientific
Scient.	= Scientist
sel.	= selected
Semin.	= Seminar(s)
Ser.	= Series
Soc.	= Society, Societatis
soc.	= social
St	= Saint
St.	= State
sth.	= southern
Stud.	= Studies
Symp.	= Symposium
Tag.	= Tagung
Ther.	= Therapy, Therapie
Tidskr.	= Tidskrift
Tidsskr.	= Tidsskrift
Tijdschr.	= Tijdschrift
Top.	= Topics
top.	= topical
Trab.	= Trabajos
Trans.	= Transactions

UK	= United Kingdom
Un.	= Union(s), Unionis
Univ.	= University, Universität
Verh.	= Verhandlungen
Vest.	= Vestnik
vet.	= veterinary
WHO	= World Health Organization
Wld (auch World)	= World
Wschr.	= Wochenzeitschrift
Yb. (nicht Yearb.)	= Yearbook
Z. (nicht Ztschr.)	= Zeitschrift
zahnärztl.	= zahnärztlich
Zbl. (als 1. Wort: Zentbl., sonst Zbl.)	= Zentralblatt
Zh.	= Zhurnal
zool.	= zoological, zoologische(r)
Ztg	= Zeitung

9.4 Auswahl medizinischer und verwandter Zeitschriften und Buchreihen
(nach GRÜNIG 1980, LIPPERT 1989)

Voller Titel	World Medical Periodicals	Index Medicus	Herkunft
Acta Anaesthesiologica Scandinavia	Acta anaesth. scand.	Acta Anaesthesiol Scand	DK
Acta Anatomica	Acta anat.	Acta Anat	CH
Acta Chemica Scandinavia. Series A	Acta chem. scand. (A)	Acta Chem Scand (A)	DK
Acta Chemica Scandinavia. Series B	Acta chem. scand. (B)	Acta Chem Scand (B)	DK
Acta Chirurgica Scandinavica	Acta chir. scand.	Acta Chir Scand	S
Acta Cytologiica	Acta ctyol	Acta Ctyol	USA
Acta Dermato-Venereologica	Acta derm.-vener., Stockh.	Acta Derm Venereol	S
Acta Endocrinologica	Acta endocr., Copenh.	Acta Endocrinol	DK
Acta Haematologica	Acta haemat.	Acta Haematol	CH
Acta Medica Scandinavica	Acta med. scand.	Acta Med Scand	S
Acta Neurochirurgica	Acta neurochir.	Acta Neurochir	A
Acta Neurologica	Acta neurol.	Acta Neurol	I
Acta Neurologica Scandinavica	Acta neur. scand.	Acta Neurol Scand	DK
Acta Neuropathologica	Acta neuropath.	Acta Neuropathol	D
Acta Obstretica et Gynecologica Scandinavica	Acta obstet. gynec. scand.	Acta Obstet Gynecol Scand	S
Acta Odontologica Scandinavica	Acta odont. scand.	Acta Odontol Scand	S
Acta Ophthalmologica	Acta ophthal.	Acta Ophthalmol	DK
Acta Orthopaedica Scandinavica	Acta orthop. scand.	Acta Orthop Scand	DK
Acta Oto-Laryngologica	Acta oto-lar.	Acta Otolaryngol	S
Acta Paediatrica Scandinavica	Acta paediat. scand.	Acta Paediatr Scand	S
Acta Pathologica, Microbiologica, et Immunologica Scandinavica	Acta pathol. microbiol. scand.** (bis 1969)	Acta Pathol Microbiol Immunol Scand	DK
Acta Pathologica, Microbiologica, et Immunologica Scandinavica Section A: Pathology	Acta pathol. microbiol. scand., A. Pathol. (seit 1970)	Acta Pathol Microbiol Immunol Scand (A)	DK
Acta Pathologica, Microbiologica, et Immunologica Scandinavica Section B: Microbiology	Acta pathol. microbiol. scand., B. Microbiol. Immunol.** (1970-1974)	Acta Pathol Microbiol Immunol Scand (B)	DK
Acta Pathologica, Microbiologica, et Immunologica Scandinavica Section B: Microbiology	Acta pathol. microbiol. scand., B. Microbiol. (seit 1975)	Acta Pathol Microbiol Immunol Scand (B)	DK
Acta Pathologica, Microbiologica, et Immunologica Scandinavica Section C: Immunology	Acta pathol. microbiol. scand., C. Immunol. (seit 1975)	Acta Pathol Microbiol Immunol Scand (C)	DK
Acta Pharmacologica et Toxicologica	Acta pharmac. tox.	Acta Pharmacol Toxicol	DK
Acta Physiologica Scandinavica	Acta physiol. scand.	Acta Physiol Scand	S
Acta Psychiatrica Scandinavica	Acta psychiat. scand. (seit 1961)	Acta Psychiatr Scand	DK

Voller Titel	World Medical Periodicals	Index Medicus	Herkunft
Acta Radiologica	Acta radiol.** (bis 1962)	Acta Radiol	S
Acta Radiologica	Acta radiol. (Diag.) (seit 1962)	Acta Radiol	S
Acta Radiologica	Acta radiol. (Ther.) (seit 1962)	Acta Radiol	S
Advances in Cancer Research	Adv. Cancer Res.	Adv Cancer Res	USA
Advances in Carbohydrate Chemistry and Biochemistry	Adv. Carbohyd. Chem. Biochem.** (bis vol. 23, 1969)	Adv Carbohydr Chem Biochem	USA
Advances in Carbohydrate Chemistry and Biochemistry	Adv. Carbohyd. Chem. Biochem. (seit vol. 24, 1969)	Adv Carbohydr Chem Biochem	USA
Advances in Dental Research	Adv. Dent. Res.	Adv Dent Res	USA
Advances in Enzymology and Related Areas of Molecular Biology	Adv. Enzymol.	Adv Enzymol	USA
Advances in Immunology	Adv. Immunol.	Adv Immunol	USA
Advances in Protein Chemistry	Adv. Protein Chem.	Adv Protein Chem	USA
Agents and Actions	Agents Actions	Agents Actions	CH
AJNR: American Journal of Neuroradiology	AJNR: Am J. Neurol.	AJNR: Am J Neuroradiol	USA
AJR: American Journal of Roentgenology	AJR: Am. J. Roentg.	AJR: Am J Roentgenol	USA
Alcoholism	Alcoholism	Alcoholism (NY)	USA
American Heart Journal	Am. Heart J.	Am Heart J	USA
American Industrial Hygiene Association Journal	Am. ind. Hyg. Ass. J.	Am Ind Hyg Assoc J	USA
American Journal of Anatomy	Am. J. Anat.	Am J Anat	USA
American Journal of Cardiology	Am. J. Cardiol.	Am J Cardiol	USA
American Journal of Clinical Nutrition	Am. J. clin. Nutr.	Am J Clin Nutr	USA
American Journal of Clinical Pathology	Am. J. clin. Path.	Am J Clin Pathol	USA
American Journal of Dentistry	Am. J. Dent.	Am J Dent	USA
American Journal of Diseases of Children	Am. J. Dis. Child.	Am J Dis Child	USA
American Journal of Epidemiology	Am. J. Epidem.	Am J Epidemiol	USA
American Journal of Gastroenterology	Am. J. Gastroent., N. Y.	Am J Gastroenterol	USA
American Journal of Hematology	Am. J. Hematol.	Am J Hematol	USA
American Journal of Hospital Pharmacy	Am. J. Hosp. Pharm.	Am J Hosp Pharm	USA
American Journal of Human Genetics	Am. J. hum. Genet.	Am J Hum Genet	USA
American Journal of Medicine	Am. J. Med.	Am J Med	USA
American Journal of Medical Genetics	Am. J. med. Genet.	Am J Med Genet	USA
American Journal of the Medical Sciences	Am. J. med. Sci.	Am J Med Sci	USA
American Journal of Obstetrics and Gynecology	Am. J. Obstet. Gynec.	Am J Obstet Gynecol	USA

Voller Titel	World Medical Periodicals	Index Medicus	Herkunft
American Journal of Ophthalmology	Am. J. Ophthal.	Am J Ophthalmol	USA
American Journal of Orthodontics	Am. J. Orthod.	Am J Orthod	USA
American Journal of Orthodontics and Dentofacial Orthopedics	Am. J. Orthod. dentofacial Orthop.	Am J Orthod Dentofacial Orthop	USA
American Journal of Orthopsychiatry	Am. J. Orthopsychiat.	Am J Orthopsychiatry	USA
American Journal of Pathology	Am. J. Path.	Am J Pathol	USA
American Journal of Physical Anthropology	Am. J. phys. Anthrop.	Am J Phys Anthropol	USA
American Journal of Physiology	Am. J. Physiol.** (bis 1976)	Am J Physiol	USA
American Journal of Physiology	Am. J. Physiol. C. (Cell Physiology; seit 1977 in Sektionen)	Am J Physiol	USA
American Journal of Physiology	Am. J. Physiol. E (Endocrinology...)	Am J Physiol	USA
American Journal of Physiology	Am. J. Physiol. H (Heart...)	Am J Physiol	USA
American Journal of Physiology	Am. J. Physiol. R (Regulatory...)	Am J Physiol	USA
American Journal of Psychiatry	Am. J. Psychiat.	Am J Psychiatry	USA
American Journal of Public Health	Am. J. publ. Hlth	Am J Public Health	USA
American Journal of Surgery	Am. J. Surg.	Am J Surg	USA
American Journal of Surgical Pathology	Am. J. surg. Pathol.	Am J Surg Pathol	USA
American Journal of Tropical Medicine and Hygiene	Am. J. trop. Med. Hyg.	Am J Trop Med Hyg	USA
American Journal of Veterinary Research	Am. J. vet. Res.	Am J Vet Res	USA
American Review of Respiratory Disease	Am. Rev. resp. Dis.	Am Rev Respir Dis	USA
Anaesthesia	Anaesthesia	Anaesthesia	GB
Analytical Biochemistry	Analyt. Biochem.	Anal Biochem	USA
Analytical Chemistry	Analyt. Chem.	Anal Chem	USA
Analyst	Analyst Lond.	Analyst	GB
Anatomical Record	Anat. Rec.	Anat Rec	USA
Anatomy and Embryology	Anat. Embryol.	Anat Embryol (Berl)	D
Anesthesia and Analgesia	Anesth. Analg.** (Paris; bis 1956)	Anesth Analg	F
Anesthesia and Analgesia	Anesth. Analg., Cleveland	Anesth Analg	USA
Anesthesia and Analgesia	Anesth. Analg., curr. Res.	Anesth Analg	USA
Anesthesia and Analgesia	Anesth. Analg., Réanim.	Anesth Analg	USA
Anesthesiology	Anesthesiology	Anesthesiology	USA
Angiology	Angiology	Angiology	USA
Annals of Allergy	Ann. Allergy	Ann Allergy	USA
Annals of Human Genetics	Ann. hum. Genet.	Ann Hum Genet	GB
Annals of Internal Medicine	Ann. intern. Med.	Ann Intern Med	USA
Annals of Neurology	Ann. Neurol.	Ann Neurol	USA

Voller Titel	World Medical Periodicals	Index Medicus	Herkunft
Annals of the New York Academy of Sciences	Ann. N. Y. Acad. Sci.	Ann NY Acad Sci	USA
Annals of Otology, Rhinology and Laryngology	Ann. Otol. Rhinol. Lar.	Ann Otol Rhinol Laryngol	USA
Annals of the Rheumatic Diseases	Ann. rheum. Dis.	Ann rheum Dis	GB
Annals of Surgery	Ann. Surg.	Ann Surg	USA
Annals of Thoracic Surgery	Ann. thor. Surg.	Ann Thorac Surg	USA
Annals of Tropical Medicine and Parasitology	Ann. trop. Med. Parasit.	Ann Trop Med Parasitol	GB
Annual Review of Biochemistry	Annu. Rev. Biochem.	Annu Rev Biochem	USA
Annual Review of Biophysics and Biophysical Chemistry	Annu. Rev. Biophys. Bioeng.	Annu Rev Biophys Biophys Chem	USA
Annual Review of Entomology	Annu. Rev. Entomol.	Annu Rev Entomol	USA
Annual Review of Genetics	Ann. gen. Pract.	Annu Rev Genet	USA
Annual Review of Immunology	Ann. Immunol., Paris	Annu Rev Immunol	USA
Annual Review of Medicine	Annu. Rev. Med.	Annu Rev Med	USA
Annual Review of Microbiology	Ann. Microbiol.	Annu Rev Microbiol	USA
Annual Review of Neuroscience	Ann. Neurol.	Annu Rev Neurosci	USA
Annual Review of Pharmacology and Toxicology	Annu. Rev. Pharmacol. Toxicol.	Annu Rev Pharmacol Toxicol	USA
Annual Review of Physiology	Annu. Rev. Physiol.	Annu Rev Physiol	USA
Annual Review of Psychology	Annu. Rev. Psychol.	Annu Rev Psychol	USA
Antimicrobial Agents and Chemotherapy	Antimicrob. Agents Chemother.	Antimicrob Agents Chemother	USA
Applied and Environmental Microbiology	Appl. environ. Microbiol.	Appl Environ Microbiol	USA
Archives of Biochemistry and Biophysics	Archs Biochem. Biophys.	Arch Biochem Biophys	USA
Archives of Dermatological Research	Arch. dermatol. Forsch.	Arch Dermatol Res	D
Archives of Dermatology	Archs Derm.	Arch Dermatol	USA
Archives of Disease in Childhood	Archs. Dis. Childh.	Arch Dis Child	GB
Archives of Environmental Health	Archs envir. Hlth	Arch Environ Health	USA
Archives of General Psychiatry	Archs gen. Psychiat.	Arch Gen Psychiatry	USA
Archives of Internal Medicine	Archs intern. Med.	Arch Intern Med	USA
Archives Internationales de Pharmacodynamie et de Therapie	Archs int. Pharmacodyn. Thér.	Arch Int Pharmacodyn Ther	B
Archives of Microbiology	Arch. Mikrobiol.** (bis 1973)	Arch Microbiol	D
Archives of Microbiology	Arch. Microbiol. (seit 1974)	Arch Microbiol	D
Archives of Neurology	Archs Neurol., Chicago	Arch Neurol	USA
Archives of Ophthalmology	Archs Ophthal., Chicago (seit 1951; bis 1950: N. Y.)	Arch Ophthalmol	USA
Archives of Oral Biology	Archs oral Biol.	Arch Oral Biol	GB
Archives of Otolaryngology	Archs Otolar.	Arch Otolaryngol	USA

Voller Titel	World Medical Periodicals	Index Medicus	Her-kunft
Archives of Pathology and Laboratory Medicine	Archs Pathol. Lab. Med.	Arch Pathol Lab Med	USA
Archiv der Pharmazie	Arch. Pharmacol.	Arch Pharm (Weinheim)	D
Archives of Physical Medicine and Rehabilitation	Archs phys. Med. Rehabil.	Arch Phyios Med Rehabil	USA
Archives of Surgery	Archs Surg., Chicago (1920–1950 und seit 1960)	Arch Surg	USA
Archives of Toxicology	Archs Toxicol.	Arch Toxicol	D
Archives of Virology	Archs Virol.	Arch Virol	A
Arteriosclerosis		Arteriosclerosis	USA
Arthritis and Rheumatism	Arthritis Rheum.	Arthritis Rheum	USA
Arzneimittel-Forschung	Arzneimittel-Forsch.	Arzneimittelforschung	D
ASDC: Journal of Dentistry for Children	ASDC: J. Dent. Child.	ASDC: J Dent Child	USA
Atherosclerosis	Atherosclerosis	Atherosclerosis	NL
Australian Dental Journal	Aust. Dent. J.	Aust Dent J	AUS
Australian Journal of Biological Sciences	Aust. J. biol. Sci.	Aust J Biol Sci	AUS
Australian Journal of Experimental Biology and Medical Science	Aust. J. exp. Biol. med. Sci.	Aust J Exp Biol Med Sci	AUS
Australian and New Zealand Journal of Medicine	Aust. N. Z. J. Med.	Aust N Z J Med	AUS
Australian Veterinary Journal	Aust. vet. J.	Aust Vet J	AUS
Avian Diseases	Avian Dis.	Avian Dis	USA
Behavioral and Neural Biology	Behav. Biol.	Behav Neural Biol	USA
Biochemical and Biophysical Research Communications	Biochim. biophys. Acta	Biochem Biophys Res Commun	USA
Biochemical Genetics	Biochem. Genet.	Biochem Genet	USA
Biochemical Journal	Biochem. J.	Biochem J	GB
Biochemical Medicine	Biochem. Med.	Biochem Med	USA
Biochemical Pharmacology	Biochem. Pharmac.	Biochem Pharmacol	GB
Biochemical Society Transactions	Biochem. Soc. Trans.	Biochem Soc Trans	GB
Biochemistry	Biochemistry, N. Y.	Biochemistry	USA
Biochemistry International	Biochem. Int.	Biochem Int	AUS
Biochimica et Biophysica Acta	Biochim. biophys. Acta	Biochim Biophys Acta	NL
Biochimie	Biochimie	Biochimie	F
Biological Cybernetics	Biol. Cybern.	Biol Cybern	D
Biological Psychiatry	Biol. Psychiat.	Biol Psychiatry	USA
Biological Reviews of the Cambridge Philosophical Society	Biol. Rev.	Biol Rev	GB
Biology of the Cell	Biology Cell	Bio Cell	F
Biology of the Neonate	Biology Neonate	Biol Neonate	CH
Biology of Reproduction	Biology Reprod.	Biol Reprod	USA
Biomaterials	Biomater.	Biomaterials	GB

Voller Titel	World Medical Periodicals	Index Medicus	Herkunft
Biometrics	Biometrics	Biometrics	USA
Bioorganicheskaia Khimiya	Bioorg. Khimiya	Bioorg Khim	RUS
Biophysical Chemistry	Biophys. Chem.	Biophys Chem	NL
Biophysical Journal	Biophys. J.	Biophys J	USA
Biopolymers	Biopolymers	Biopolymers	USA
Bioscience Reports	Biosci. Rep.	Biosci Rep	USA
Blood	Blood	Blood	USA
Brain and Languade	Brain Lang.	Brain Lang	USA
Brain Research	Brain Res.	Brain Res	NL
Brain Research Bulletin	Brain Res. Bull.	Brain Res Bull	USA
British Dental Journal	Br. dent. J.	Br Dent J	GB
British Heart Journal	Br. Heart J.	Br Heart J	GB
British Journal of Anaesthia	Br. J. Anaesth.	Br J Anaesth	GB
British Journal of Cancer	Br. J. Cancer	Br J Cancer	GB
British Journal of Clinical Pharmacology	Br. J. clin. Pharmacol.	Br J Clin Pharmacol	GB
British Journal of Dermatology	Br. J. Derm.	Br J Derm	GB
British Journal of Experimental Pathology	Br. J. exp. Path.	Br J Exp Pathol	GB
British Journal of Haematology	Br. J. Haemat.	Br J Haematol	GB
British Journal of Industrial Medicine	Br. J. ind. Rep.	Br J Ind Med	GB
British Journal of Nutrition	Br. J. Nutr.	Br J Nutr	GB
British Journal of Obstetrics and Gynaecology	Br. J. Obstet. Gynec.	Br J Obstet Gynaecol	GB
British Journal of Ophthalmology	Br. J. Ophthal.	Br J Ophthalmol	GB
British Journal of Pharmacology	Br. J. Pharmac. Chemother.** (bis vol. 33, 1968)	Bri Pharm Chemother	GB
	Br. J. Pharmacol. (seit vol. 34, 1968)	Br J Pharmacol	GB
British Journal of Psychiatry	Br. J. Psychiat.	Br J Psychiatry	GB
British Journal of Radiology	Br. J. Radiol.	Br J Radiol	GB
British Journal of Surgery	Br. J. Surg.	Br J Surg	GB
British Journal of Urology	Br. J. Urol.	Br J Urol	GB
British Medical Bulletin	Br. med. Bull.	Br Med Bull	GB
British Medical Journal	Br. med. J.	Br Med J	GB
Bulletin of Environmental Contamination and Toxicology	Bull. env. Contam. Toxicol.	Bull Environ Contam Toxicol	USA
Bulletin of Tokyo Dental College	Bull. Tokyo dent. Coll.	Bull Tokyo Dent Coll	J
Bulletin of the World Health Organization	Bull. Wld Hlth Org.	Bull WHO	CH
Calcified Tissue International	Calcif. Tissue Int.	Calcif Tissue Int	USA
Canadian Journal of Anaesthesia	Can. J. Anaesth.	Can J Anaesth	CDN

Voller Titel	World Medical Periodicals	Index Medicus	Herkunft
Canadian Journal of Biochemistry and Cell Biology	Can. J. Biochem. Cell Biol.	Can J Biochem Cell Biol	CDN
Canadian Journal of Genetics and Cytology	Can. J. Genet. Cytol.	Can J Genet Cytol	CDN
Canadian Journal of Microbiology	Can. J. Microbiol.	Can J Microbiol	CDN
Canadian Journal of Physiology and Pharmacology	Can. J. Physiol. Pharmacol.	Can J Physiol Pharmacol	CDN
Canadian Medical Association Journal	Can. med. Ass. J. (nicht CMAJ)	Can Med Assoc J	CDN
Cancer	Cancer	Cancer	USA
Cancer Chemotherapy and Pharmacology	Cancer Chemother. Pharmacol.	Cancer Chemother Pharmacol	D
Cancer Genetics and Cytogenetics	Cancer Genet. Cytogenet.	Cancer Genet Cytogenet	USA
Cancer Immunology, Immunotherapy	Cancer Immunol. Immunother.	Cancer Immunol Immunother	D
Cancer Letters	Cancer Lett.	Cancer Lett	NL
Cancer Research	Cancer Res.	Cancer Res	USA
Cancer Treatment Reports	Cancer Treat. Rep.	Cancer Treat Rep	USA
Carbohydrate Research	Carbohyd. Res.	Carbohydr Res	NL
Carcinogenesis	Carcinogenesis	Carcinogenesis	USA
Cardiovascular Research	Cardiovasc. Res.	Cardiovasc Res	GB
Caries Research	Caries Res.	Caries Res	CH
Cell	Cell	Cell	USA
Cell Biology International Reports	Cell Biol. int. Rep.	Cell Biol Int Rep	GB
Cell and Tissue Kinetics	Cell Tiss. Kinet.	Cell Tissue Kinet	GB
Cell and Tissue Research	Cell Tiss. Res.	Cell Tissue Res	D
Cellular Immunology	Cell Immunol.	Cell Immunol	USA
Chemical and Pharmaceutical Bulletin	Chem. pharm. Bull.	Chem Pharm Bull	J
Chemico-Biological Interactions	Chemico Biol. Interact.	Chem Biol Interact	NL
Chemistry and Physics of Lipids	Chem. Physics Lipids	Chem Phys Lipids	NL
Chest	Chest	Chest	USA
Chromosoma	Chromosoma	Chromosoma	D
Ciba Foundation Symposium	Ciba Fdn Symp.	Ciba Found Symp	NL
Circulation	Circulation	Circulation	USA
Circulation Research	Circulation Res.	Circ Res	USA
Cleft Palate-Craniofacial Journal	Cleft Palate Craniofac. J.	Cleft Palate-Craniofac J	USA
Clinica Chimica Acta	Clinica chim. Acta	Clin Chim Acta	NL
Clinical Allergy	Clin. Allergy	Clin Allergy	GB
Clinical Chemistry	Clin. Chem.	Clin Chem	USA
Clinical Endocrinology	Clin. Endocrinol.	Clin Endocrinol (Oxf)	GB
Clinical and Experimental Immunology	Clin. exp. Immunol.	Clin Exp Immunol	GB
Clinical Genetics	Clin. Genet.	Clin Genet	DK
Clinical Immunology and Immunopathology	Clin. Immunobiol. Immunopath.	Clin Immunol Immunolpathol	USA

Voller Titel	World Medical Periodicals	Index Medicus	Herkunft
Clinical Nephrology	Clin. Nephrol.	Clin Nephrol	D
Clinical Oral Implants Research	Clin. oral Implants Res.	Clin Oral Implants Res	D
Clinical Oral Investigations	Clin oral Invest.	Clin Oral Invest	D
Clinical Orthopaedics and Related Research	Clin Orthop. Rel. Res.	Clin Orthop	USA
Clinical Pharmacokinetics	Clin. Pharmacokinet.	Clin Pharmacokinet	USA
Clinical Pharmacology and Therapeutics	Clin. Pharmacol. Ther.	Clin Pharmacol Ther	USA
Clinical Radiology	Clin. Radiol.	Clin Radiol	GB
Clinical Science	Clin. Sci.** (bis 1972)	Clin Sci	GB
Clinics in Haematology	Clin. Haematol.	Clin Haematol	GB
Cold Spring Harbor Symposia on Quantitative Biology	Cold Spring Harb. Symp. quant. Biol.*	Cold Spring Harbor Symp Quant Biol	USA
Community Dentistry and Oral Epidemiology	Community Dent. oral Epidem.	Community Dent Oral Epidemiol	D
Comparative Biochemistry and Physiology, A: Comparative Physiology	Compar. Biochem. Physiol. (A)	Comp Biochem Physiol (A)	GB
Comparative Biochemistry and Physiology, B: Comparative Biochemistry	Compar. Biochem. Physiol. (B)	Comp Biochem Physiol (B)	GB
Comparative Biochemistry and Physiology, C: Comparative Pharmacology and Toxicology	Compar. Biochem. Physiol. (C)	Comp Biochem Physiol (C)	GB
Comprehensive Psychiatry	Compreh. Psychiat.	Compr Psychiatry	USA
Contact Dermatitis	Contact Dermatitis	Contact Dermatitis	DK
Contraception	Contraception	Contraception	USA
Cortex	Cortex	Cortex	I
CRC: Critical Reviews in Biochemistry	CRC: Crit. Rev. Biochem.	CRC: Crit Rev Biochem	USA
Critical Care Medicine	Crit. Care Med.	Crit Care Med	USA
Current Opinion in Cosmetic Dentistry	Curr. Opin. Cosmetic Dent.	Curr Opin Cosmet Dent	USA
Current Opinion in Dentistry	Curr. Opin. Dent.	Curr Opin Dent	USA
Current Topics in Microbiology and Immunology	Curr. Top. Microbiol. Immunol.	Curr Top Microbiol Immunol	D
Cytogenetics and Cell Genetics	Cytogenet. Cell Genet.	Cytogenet Cell Genet	CH
Cytometry	Cytometry	Cytometry	USA
Dental Clinics of North America	Dent. Clin. N. Am.	Dent Clin North Am	USA
Dental Materials	Dent. Mater.	Dent Mater	USA
Dermatologica	Dermatologica	Dermatologica	CH
Deutsche Medizinische Wochenschrift	Dt. med. Wschr.	Dtsch Med Wochenschr	D
Deutsche Zahnärztliche Zeitschrift	Dt. zahnärztl. Z.	Dtsch Zahnärztl Z	D
Deutsche Zeitschrift für Mund-, Kiefer- und Gesichts-Chirurgie	Dt. Z. Mund-Kiefer-Gesichtschir.	Dtsch Z Mund Kiefer Gesichtschir	D

Voller Titel	World Medical Periodicals	Index Medicus	Herkunft
Deutsche Zeitschrift für zahnärztliche Implantologie	Dt. Z. zahnärztl. Implant.	Dtsch Z Zahnärztl Implantol	D
Deutsches Zahnärzteblatt	Dt. Zahnärztebl.	Dtsch Zahnärztebl	D
Developmental Biology	Devl Biol.	Dev Biol	USA
Developmental Medicine and Child Neurology	Devl Med. Child Neur.	Dev Med Child Neurol	GB
Diabetes	Diabetes	Diabetes	USA
Diabetes Care	Diabetes Care	Diabetes Care	USA
Diabetologia	Diabetologia	Diabetologia	D
Die Zahnarzt Woche	DZW	DZW	D
Differentiation	Differentiation	Differentiation	D
Digestive Diseases and Sciences	Dig. Dis. Sci.	Dig Dis Sci	USA
Digestion	Digestion	Digestion	CH
Diseases of the Colon and Rectum	Dis. Colon Rectum	Dis Colon Rectum	USA
DNA	DNA	DNA	USA
Drug Metabolism and Disposition	Drug Metab. Disposit.	Drug Metab Dispos	USA
Drugs	Drugs	Drugs	AUS
Electroencephalography and Clinical Neurophysiology	Electroenceph. clin. Neurophysiol.	Electroencephalogr Clin Neurophysiol	NL
EMBO Journal	EMBO J.	EMBO J	GB
Endocrine Reviews	Endocrine Rev.	Endocr Rev	USA
Endocrinology	Endocrinology	Endocrinology	USA
Endodontie	Endodontie	Endodontie	D
Endodontics and Dental Traumatology	Endodont. Dent. Traumatol.	Endod Dent Traumatol	DK
Environmental Health Perspectives	Environ. Health Perspect.	Environ Health Perspect	USA
Environmental and Molecular Mutagenesis	Environ. Molec. Mutagen.	Environ Mol Mutagen	USA
Environmental Research	Environ. Res.	Environ Res	USA
Epilepsia	Epilepsia	Epilepsia	USA
European Heart Journal	Eur. Heart J.	Eur Heart J	GB
European Journal of Applied Physiology and Occupational Physiology	Eur. J. appl. Physiol. occup. Physiol.	Eur J Appl Physiol	D
European Journal of Biochemistry	Eur. J. Biochem.	Eur J Biochem	D
European Journal of Cancer. Part B, Oral Oncology	Eur. J. Cancer B. Oral Oncol.	Eur J Cancer B Oral Oncol	GB
European Journal of Cancer and Clinical Oncology	Eur. J. Cancer Clin. Oncol.	Eur J Cancer Clin Oncol	GB
European Journal of Cell Biology	Eur. J. Cell Biol.	Eur J Cell Biol	D
European Journal of Clinical Immunology	Eur. J. clin. Immunol.	Eur J Clin Immunol	D
European Journal of Clinical Investigation	Eur. J. clin. Invest.	Eur J Clin Invest	GB
European Journal of Clinical Microbiology	Eur. J. clin. Microbiol.	Eur J Clin Microbiol	D

Voller Titel	World Medical Periodicals	Index Medicus	Herkunft
European Journal of Clinical Pharmacology	Eur. J. clin. Pharmacol.	Eur J Clin Pharmacol	D
European Journal of Oral Sciences	Eur. J. oral Sci.	Eur J Oral Sci	DK
European Journal of Orthodontics	Eur. J. Orthod.	Eur J Orthod	GB
European Journal of Pediatrics	Eur. J. Pediatrics	Eur J Pediatr	D
European Journal of Pharmacology	Eur. J. Pharmacol.	Eur J Pharmacol	NL
European Journal of Respiratory Diseases	Eur. J. Respir. Dis.	Eur J Respir Dis	DK
Experientia	Experientia	Experientia	CH
Experimental Brain Research	Exp. Brain Res.	Exp Brain Res	D
Experimental Cell Research	Expl Cell Res.	Exp Cell Res	USA
Experimental Eye Research	Expl Eye Res.	Exp Eye Res	GB
Experimental Hematology	Expl Hematol.	Exp Hematol	USA
Experimental and Molecular Pathology	Exp. molec. Path.	Exp Mol Pathol	USA
Experimental Neurology	Expl Neurol.	Exp Neurol	USA
Experimental Parasitology	Expl Parasit.	Exp Parasitol	USA
Faraday Discussions of the Chemical Society	Faraday Discuss. Chem. Soc.	Faraday Discuss Chem Soc	GB
FEBS Letters	FEBS Lett.	FEBS Lett	NL
Fertility and Sterility	Fert. Steril.	Fertil Steril	USA
Food and Chemical Toxicology	Fd. Chem. Toxicol.	Food Chem Toxicol	GB
Gastroenterologie Clinique et Biologique	Gastroenterol. clin. biol.	Gastroenterol Clin Biol	F
Gastroenterology	Gastroenterology	Gastroenterology	USA
Gastrointestinal Endoscopy	Gastrointest. Endosc.	Gastrointest Endosc	USA
Gene	Gene	Gene	NL
General and Comparative Endocrinology	Gen. compar. Endocr.	Gen Comp Endocrinol	USA
Genetical Research	Genet. Res.	Genet Res	GB
Genetics	Genetics, N. Y.	Genetics	USA
Gut	Gut	Gut	GB
Gynecologic Oncology	Gynecol. Oncol.	Gynecol Oncol	USA
Headache	Headache	Headache	USA
Health Physics	Hlth Phys.	Health Phys	USA
Hearing Research	Hear. Res.	Hear Res	NL
Hepatology	Hepatology	Hepatology	USA
Hereditas	Hereditas	Hereditas	S
Heredity	Heredity	Heredity	GB
Histochemical Journal	Histochem. J.	Histochem J	GB
Histochemistry	Histochem.	Histochemistry	D
Histopathology	Histopathol.	Histopathology	GB
Hormone and Metabolic Research	Hormone metabol. Res.	Horm Metab Res	D

Voller Titel	World Medical Periodicals	Index Medicus	Her-kunft
Hormones and Behavior	Horm. Behav.	Horm Behav	USA
Hospital and Community Psychiatry	Hosp. Community Psychiatry	Hosp Community Psychiatry	USA
Human Genetics	Hum. Genet.	Hum Genet	D
Human Immunology	Hum. Immunol.	Hum Immunol	USA
Human Pathology	Human Pathol.	Hum Pathol	USA
Hypertension	Hypertension	Hypertension	USA
IEEE Transactions on Biomedical Engineering	IEEE Trans. biomed. Engng.	IEEE Trans Biomed Eng	USA
Immunogenetics	Immunogenetics	Immunogenetics	USA
Immunological Reviews	Immunol. Rev.	Immunol Rev	DK
Immunology	Immunology	Immunology	GB
Infection and Immunity	Infect. Immunity	Infect Immun	USA
International Archives of Allergy and Applied Immunology	Int. Archs Allergy appl. Immun.	Int Arch Allergy Appl Immunol	CH
International Dental Journal	Int. dent. J	Int Dent J	GB
International Endodontic Journal	Int. Endodont. J.	Int Endod J	GB
International Journal of Applied Radiation and Isotopes	Int. J. appl. Radiat. Isotopes	Int J Appl Radiat Isot	USA
International Journal of Biochemistry	Int. J. Biochem.	Int J Biochem	GB
International Journal of Cancer	Int. J. Cancer	Int J Cancer	USA
International Journal of Leprosy and other Mycobacterial Diseases	Int. J. Lepr. Other Mycobact. Dis.	Int J Lepr Other Mycobact Dis	USA
International Journal for Parasitology	Int. J. Parasitol.	Int J Parasitol	GB
International Journal of Peptide and Protein Research	Int. J. Pept. Protein Res.	Int J Pept Protein Res	DK
International Journal of Periodontics and Restorative Dentistry	Int. J. Periodont. restor. Dent.	Int J Periodontics Restorative Dent	USA
International Journal of Prosthodontics	Int. J. Prosthodont.	Int J Prosthodont	USA
International Journal of Radiation Biology and Related Studies in Physics, Chemistry and Medicine	Int. J. Radiat. Biol.	Int J Radiat Biol	GB
International Journal of Radiation Oncology, Biology, Physics	Int. J. Radiat. Oncol. Biol. Phys.	Int J Radiat Oncol Biol Phys	USA
International Review of Cytology	Int. Rev. Cytol.	Int Rev Cytol	USA
Investigative Ophthalmology and Visual Science	Investve Ophthal. vis. Sci.	Invest Ophthalmol Vis Sci	USA
Investigative Radiology	Investve Radiol.	Invest Radiol	USA
In Vitro Cellular and Developmental Biology	In Vitro Cell Devl Biol.	In Vitro Cell Dev Biol	USA
Japanese Journal of Cancer Research	Jap. J. Cancer Res.	Jpn J Cancer Res	J
Japanese Journal of Pharmacology	Jap. J. Pharmac.	Jpn J Pharmacol	J

Voller Titel	World Medical Periodicals	Index Medicus	Herkunft
Japanese Journal of Physiology	Jap. J. Physiol.	Jpn J Physiol	J
JNCI: Journal of the National Cancer Institute	JNCI	JNCI	USA
Journal of the Acoustical Society of America	J. acoust. Soc. Am.	J Acoust Soc Am	USA
Journal of Adhesion	J. Adhes.	J Adhes	USA
The Journal of Adhesive Dentistry	J. adhesive Dent.	J Adhesive Dent	GB
Journal of Allergy and Clinical Immunology	J. Allergy clin. Immunol.	J Allergy Clin Immunol	USA
Journal of the American Academy of Child and Adolescent Psychiatry	J. Am. Acad. Child Adolesc.	J Am Acad Child Adolesc Psychiatry	USA
Journal of the American Academy of Dermatology	J. Am. Acad. Dermatol.	J Am Acad Dermatol	USA
Journal of the American College of Cardiology	J. Am. Coll. Cardiol.	J Am Coll Cardiol	USA
Journal of the American Dental Association	J. Am. dent. Ass.** (bis 1936)	J Am Dent Assoc	USA
Journal of the American Dietetic Association	J. Am. diet. Ass.	J Am Diet Assoc	USA
Journal of the American Geriatrics Society	J. Am. Geriat. Soc.	J Am Geriatr Soc	USA
Journal of the American Medical Association	J. Am. med. Ass. (nicht JAMA)	J Am Med Assoc	USA
Journal of the American Veterinary Medical Association	J. Am. vet. med. Ass.	J Am Vet Med Assoc	USA
Journal of Anatomy	J. Anat.	J Anat	GB
Journal of Animal Science	J. Anim. Sci.	J Anim Sci	USA
Journal of Antibiotics	J. Antibiot. (Tokyo)	J Antibiot	J
Journal of Antimicrobial Chemotherapy	J. antimicrob. Chemother.	J Antimicrob Chemother	GB
Journal of Applied Bacteriology	J. appl. Bact.	J Appl Bacteriol	GB
Journal of Applied Physiology	J. appl. Physiol.	J Appl Physiol	USA
Journal of Bacteriology	J. Bact.	J Bacteriol	USA
Journal of Biochemistry	J. Biochem.	J Biochem (Tokyo)	J
Journal of Biological Chemistry	J. biol. Chem.	J Biol Chem	USA
Journal de Biomatériaux Dentaires	J. biomat. Dentaire	J Biomat Dentaire	F
Journal of Biomechanics	J. Biomech.	J Biomech	USA
Journal of Biomedical Materials Research	J. biomed. Mater. Res.	J Biomed Mater Res	USA
Journal of Bone and Joint Surgery, American Volume	J. Bone Jt Surg. (Am.)	J Bone Joint Surg (Am)	USA
Journal of Bone and Joint Surgery, British Volume	J. Bone Jt Surg. (Br.)	J Bone Joint Surg (Br)	GB
Journal of the California Dental Association	J. Calif. dent. Ass.	J Calif Dent Assoc	USA

Voller Titel	World Medical Periodicals	Index Medicus	Herkunft
Journal of the Canadian Dental Association	J. Can. dent. Ass.	J Can Dent Assoc	CDN
Journal of Cardiovascular Pharmacology	J. cardiovasc. Pharmacol.	J Cardiovasc Pharmacol	USA
Journal of Cell Biology	J. Cell Biol.	J Cell Biol	USA
Journal of Cell Science	J. Cell Sci.	J Cell Sci	GB
Journal of Cellular Biochemistry	J. cell. Biochem.	J Cell Biochem	USA
Journal of Cellular Physiology	J. cell. Physiol.	J Cell Physiol	USA
Journal of Cerebral Blood Flow and Metabolism	J. Cereb. Blood Flow Metab.	J Cereb Blood Flow Metab	USA
Journal of Chromatographic Science	J. chromat. Sci.	J Chromatogr Sci	USA
Journal of Chromatography	J. Chromat.	J Chromatogr	NL
Journal of Chronic Diseases	J. chron. Dis.	J Chronic Dis	USA
Journal of Clinical Chemistry and Clinical Biochemistry	J. clin. Chem. clin. Biochem.	J Clin Chem Clin Biochem	D
The Journal of Clinical Dentistry	J. clin. Dent.	J Clin Dent	USA
Journal of Clinical Endocrinology and Metabolism	J. clin. Endocr. Metab.	J Clin Endocrinol Metab	USA
Journal of Clinical Immunology	J. clin. Immunol.	J Clin Immunol	USA
Journal of Clinical Investigation	J. clin. Invest.	J Clin Invest	USA
Journal of Clinical Microbiology	J. clin. Microbiol.	J Clin Microbiol	USA
Journal of Clinical Oncology	J. clin. Oncol.	J Clin Oncol	USA
Journal of Clinical Orthodontics	J. clin. Orthod.	J Clin Orthod	USA
Journal of Clinical Pathology	J. clin. Path.	J Clin Pathol	GB
Journal of Clinical Pediatric Dentistry	J. clin. Pediatr. Dent.	J Clin Pediatr Dent	USA
Journal of Clinical Periodontology	J. clin. Periodontol.	J Clin Periodontol	DK
Journal of Clinical Pharmacology	J. clin. Pharm.	J Clin Pharmacol	USA
Journal of Clinical Psychiatry	J. clin. Psychiatry	J Clin Psychiatry	USA
Journal of Comparative Neurology	J. comp. Neurol.	J Comp Neurol	USA
Journal of Comparative Pathology	J. comp. Pathol.	J Comp Pathol	GB
Journal of Computer Assisted Tomography	J. Comput. assist. Tomogr.	J Comput Assist Tomogr	USA
Journal of Dairy Research	J. Dairy Res.	J Dairy Res	GB
Journal of Dairy Science	J. Dairy Sci.	J Dairy Sci	USA
Journal of the Dental Association of South Africa	J. dent. Ass. S-Afr.	J Dent Assoc S-Afr	RSA
Journal of Dental Research	J. dent. Res.	J Dent Res	USA
Journal of Dentistry	J. Dent.	J Dent	GB
Journal of Economic Entomology	J. econ. Ent.	J Econ Entomol	USA
Journal of Embryology and Experimental Morphology	J. Embryol. exp. Morph.	J Embryol Exp Morphol	GB
Journal of Endocrinology	J. Endocr.	J Endocrinol	GB
Journal of Endodontics	J. Endodont.	J Endod	USA
Journal of the Experimental Analysis of Behavior	J. exp. Analysis Behav.	J Exp Anal Behav	USA

Voller Titel	World Medical Periodicals	Index Medicus	Herkunft
Journal of Experimental Biology	J. exp. Biol.	J Exp Biol	GB
Journal of Experimental Medicine	J. exp. Med.	J Exp Med	USA
Journal of Experimental Zoology	J. exp. Zool.	J Exp Zool	USA
Journal of Forensic Odonto-Stomatology	J. forens. Odonto-Stomatol.	J Forensic Odontostomatol	AUS
Journal of General Microbiology	J. gen. Microbiol.	J Gen Microbiol	GB
Journal of General Physiology	J. gen. Physiol.	J Gen Physiol	USA
Journal of General Virology	J. gen. Virol.	J Gen Virol	GB
Journal of Gerontology	J. Geront.	J Gerontol	USA
Journal of Heredity	J. Hered.	J Hered	USA
Journal of Histochemistry and Cytochemistry	J. Histochem. Cytochem.	J Histochem Cytochem	USA
Journal of Hygiene	J. Hyg.	J Hyg (Lond)	GB
Journal of Hypertension	J. Hypertens.	J Hypertens	GB
Journal of Immunological Methods	J. immunol. Methods	J Immunol Methods	NL
Journal of Immunology	J. Immunol.	J Immunol	USA
Journal of Infectious Disease	J. infect. Dis.	J Infect Dis	USA
Journal of Invertebrate Pathology	J. invertebr. Pathol.	J Invertebr Pathol	USA
Journal of Investigative Dermatology	J. invest. Derm.	J Invest Dermatol	USA
Journal of Laboratory and Clinical Medicine	J. Lab. clin. Med.	J Lab Clin Med	USA
Journal of Lipid Research	J. Lipid Res.	J Lipid Res	USA
Journal of Medicinal Chemistry	J. med. Chem.	J Med Chem	USA
Journal of Medical Education	J. med. Educ.	J Med Educ	USA
Journal of Medical Entomology	J. med. Entomol.	J Med Entomol	USA
Journal of Medical Genetics	J. med. Genet.	J Med Genet	GB
Journal of Medical Microbiology	J. med. Microbiol.	J Med Microbiol	GB
Journal of Medical Virology	J. med. Virol.	J Med Virol	USA
Journal of Membrane Biology	J. Membr. Biol.	J Membr Biol	USA
Journal of Microscopy	J. Microsc.	J Microsc	GB
Journal of Molecular Biology	J. molec. Biol.	J Mol Biol	GB
Journal of Molecular and Cellular Cardiology	J. mol. cell. Cardiol.	J Mol Cell Cardiol	GB
Journal of Molecular Evolution	J. mol. Evol.	J Mol Evol	USA
Journal of Morphology	J. Morph.	J Morphol	USA
Journal of Nervous and Mental Disease	J. nerv. ment. Dis.	J Nerv Ment Dis	USA
Journal of Neural Transmission	J. neural Transm.	J Neural Transm	A
Journal of Neurochemistry	J. Neurochem.	J Neurochem	USA
Journal of Neurocytology	J. Neurocytol.	J Neurocytol	GB
Journal of the Neurological Sciences	J. neurol. Sci.	J Neurol Sci	NL
Journal of Neurology, Neurosurgery and Psychiatry	J. Neurol. Neurosurg. Psychiat.	J Neurol Neurosurg Psychiatry	GB
Journal of Neuropathology and Experimental Neurology	J. Neuropath. exp. Neurol.	J Neuropath Exp Neurol	USA

Voller Titel	World Medical Periodicals	Index Medicus	Herkunft
Journal of Neurophysiology	J. Neurophysiol.	J Neurophysiol	USA
Journal of Neuroscience Methods	J. Neurosci. Meth.	J Neurosci Methods	NL
Journal of Neuroscience Research	J. Neurosci. Res.	J Neurosci Res	USA
Journal of Neurosurgery	J. Neurosurg.	J Neurosurg	USA
Journal of Nuclear Medicine	J. nucl. Med.	J Nucl Med	USA
Journal of Nutrition	J. Nutr.	J Nutr	USA
Journal of Occupational Medicine	J. occup. Med.	J Occup Med	USA
Journal of the Optical Society of America. Part A. Optics and Image Science	J. opt. Soc. Am.	J Opt Soc Am (A)	USA
Journal of Oral and Maxillofacial Surgery	J. oral maxillofac. Surg.	J Oral Maxillofac Surg	USA
Journal of Oral Rehabilitation	J. oral Rehabil.	J Oral Rehabil	GB
Journal of Parasitology	J. Parasitol.	J Parasitol	USA
JPEN: Journal of Parenteral and Enteral Nutrition	JPEN: J. parenter. enteral Nutr.	JPEN: J Parenter Enteral Nutr	USA
Journal of Pathology	J. Pathol.	J Pathol	GB
Journal of Pediatrics	J. Pediat.	J Pediatr	USA
Journal of Pediatric Surgery	J. pediat. Surg.	J Pediatr Surg	USA
Journal of Periodontal Research	J. periodont. Res.	J Periodont Res	DK
Journal of Periodontology	J. Periodont.	J Periodontol	USA
Journal of Pharmaceutical Sciences	J. pharm. Sci.	J Pharm Sci	USA
Journal of Pharmacy and Pharmacology	J. Pharm. Pharmac.	J Pharm Pharmacol	GB
Journal of Pharmacokinetics and Biopharmaceutics	J. Pharmacokinet. Biopharm.	J Pharmacokinet Biopharm	USA
Journal of Pharmacology and Experimental Therapeutics	J. Pharmac. exp. Ther.	J Pharmacol Exp Ther	USA
Journal de Physiologie	J. Physiol., Paris	J Physiol (Paris)	F
Journal of Physiology	J. Physiol., Lond.	J Physiol (Lond)	GB
Journal of Prosthetic Dentistry	J. prosth. Dent.	J Prosthet Dent	USA
Journal of Protozoology	J. Protozool.	J Protozool	USA
Journal of Psychosomatic Research	J. psychosom. Res.	J Psychosom Res	GB
Journal of Reproductive Medicine	J. reprod. Med.	J Reprod Med	USA
Journal of Reproduction and Fertility	J. Reprod. Fertil.	J Reprod Fertil	GB
Journal of the Royal Society of Medicine	J. R. Soc. Med.	J R Soc Med	GB
Journal of Rheumatology	J. Rheumatol.	J Rheumatol	CDN
Journal of Steroid Biochemistry	J. Steroid Biochem.	J Steroid Biochem	GB
Journal of Studies on Alcohol	J. Stud. Alcohol	J Stud Alcohol	USA
Journal of Surgical Research	J. surg. Res.	J Surg Res	USA
Journal of Theoretical Biology	J. theor. Biol.	J Theor Biol	GB
Journal of Thoracis and Cardiovascular Surgery	J. thorac. cardiovasc. Surg.	J Thorac Cardiovasc Surg	USA
Journal of Toxicology and Environmental Health	J. Toxicol. envir. Health	J Toxicol Environ Health	USA

Voller Titel	World Medical Periodicals	Index Medicus	Herkunft
Journal of Trauma	J. Trauma	J Trauma	USA
Journal of Ultrasound in Medicine	J. Ultrasound Med.	J Ultrasound Med	USA
Journal of Ultrastructure Research	J. Ultrastruct. Res.	J Ultrastruct Res	USA
Journal of Urology	J. Urol.	J Urol	USA
Journal of Virology	J. Virol.	J Virol	USA
Kidney International	Kidney int.	Kidney Int	USA
Klinische Wochenschrift	Klin. Wschr.	Klin Wochenschr	D
Laboratory Investigation	Lab. Invest.	Lab Invest	USA
Lancet	Lancet	Lancet	GB
Laryngoscope	Laryngoscope	Laryngoscope	USA
Leukemia Research	Leuk. Res.	Leuk Res	GB
Life Sciences	Life Sci.	Life Sci	GB
Lipids	Lipids	Lipids	USA
Mayo Clinic Proceedings	Mayo Clin. Proc.	Mayo Clin Proc	USA
Mechanisms of Ageing and Development	Mech. Age. Dev.	Mech Ageing Dev	CH
Medical Care	Med. Care	Med Care	USA
Medical Clinics of North America	Med. Clin. N. Am.	Med Clin North Am	USA
Medical Journal of Australia	Med. J. Aust.	Med J Aust	AUS
Medical Physics	Med. Phys.	Med Phys	USA
Medicine	Medicine	Medicine (Baltimore)	USA
Medicine and Science in Sports and Exercise	Med. Sci. Sports Exerc.	Med Sci Sports Exerc	USA
Metabolism: Clinical and Experimental	Metabolism	Metabolism	USA
Methods in Enzymology	Meth. Enzym.	Methods Enzymol	USA
MGG: Molecular and General Genetics	MGG	MGG	D
Microbiological Reviews	Microbiol. Rev.	Microbiol Rev	USA
Microvascular Research	Microvasc. Res.	Microvasc Res	USA
MMWR: Morbidity and Mortality Weekly Report	MMWR	MMWR	USA
Molecular and Biochemical Parasitology	Molec. biochem. Parasitol.	Mol Biochem Parasitol	NL
Molecular and Cellular Biochemistry	Molec. cell. Biochem.	Mol Cell Biochem	NL
Molecular and Cellular Biology	Molec. cell. Biol.	Mol Cell Biol	USA
Molecular and Cellular Endocrinology	Molec. cell. Endocrinol.	Mol Cell Endocrinol	NL
Molecular Immunology	Molec. Immunol.	Mol Immunol	GB
Molecular Pharmacology	Molec. Pharmacol.	Mol Pharmacol	USA
Monatsschrift Zahnheilkunde	Mschr. Zahnheilk.	Monatsschr Zahnheilk	D
Muscle and Nerve	Muscle Nerve	Muscle Nerve	USA
Mutation Research	Mutat. Res.	Mutat Res	NL
Nature	Nature	Nature	GB
Naturwissenschaften	Naturwissenschaften	Naturwissenschaften	D

Voller Titel	World Medical Periodicals	Index Medicus	Herkunft
Naunyn-Schmiedebergs Archiv für experimentelle Pathologie und Pharmakologie	Naunyn-Schmiedebergs Arch. exp. Path. Pharmak.	Naunyn Schmiedebergs Arch Exp Pathol Pharmakol	D
Nephron	Nephron	Nephron	CH
Neurochemical Research	Neurochem. Res.	Neurochem Res	USA
Neuroendocrinology	Neuroendocrinology	Neuroendocrinology	CH
Neurology	Neurology	Neurology	USA
Neuropharmacology	Neuropharmacology	Neuropharmacology	GB
Neuropsychologia	Neuropsychologia	Neuropsychologia	GB
Neuroradiology	Neuroradiology	Neuroradiology	D
Neuroscience	Neuroscience	Neuroscience	GB
Neuroscience and Biobehavioral Reviews	Neurosci. Biobehav. Rev.	Neurosci Biobehav Rev	GB
Neuroscience Letters	Neurosci. Lett.	Neurosci Lett	NL
Neurosurgery	Neurosurgery	Neurosurgery	USA
New England Journal of Medicine	New. Engl. J. Med.	N Engl J Med	USA
New Zealand Dental Journal	N. Z. dent. J.	NZ Dent J	NZ
New Zealand Medical Journal	N. Z. med. J.	NZ Med J	NZ
Nucleic Acids Research	Nucl. Acids Res.	Nucleic Acids Res	GB
Obstetrics and Gynecology	Obstet. Gynec., N. Y.	Obstet Gynecol	USA
Operative Dentistry	Operative Dent.	Oper Dent	USA
Ophthalmology	Ophthalmology	Ophthalmology	USA
Oral and Maxillofacial Surgery Clinics of North America	Oral maxillofac. Surg. Clinics N. Am.	Oral Maxillofac Surg Clinics North Am	USA
Oral Health & Preventive Dentistry	Oral Hlth. prev. Dent.	Oral Health Prev Dent	GB
Oral Microbiology and Immunology	Oral Microbiol. Immunol.	Oral Microbiol Immunol	D
Oral-Prophylaxe	Oral-Prophylaxe	Oralprophylaxe	D
Oral Surgery, Oral Medicine, Oral Pathology, Oral Radiology, and Endodontics	Oral Surg.	Oral Surg Oral Med Oral Pathol Oral Radiol Endod	USA
Pain	Pain	Pain	NL
Parasitology	Parasitology	Parasitology	GB
Pediatric Clinics of North America	Pediat. Clins N. Am.	Pediatr Clin North Am	USA
Pediatric Dental Journal	Pediat. dent. J.	Pediatr Dent J	J
Pediatric Dentistry	Pediat. Dent.	Pediatr Dent	USA
Pediatric Infectious Disease Journal	Pediatr. Infect. Dis. J.	Pediatr Infect Dis J	USA
Pediatric Research	Pediat. Res.	Pediatr Res	USA
Pediatrics	Pediatrics, Springfield	Pediatrics	USA
Peptides	Peptides	Peptides	USA
Pflügers Archiv. European Journal of Physiology	Pflügers Arch.	Pflugers Arch	D
Pharmacological Reviews	Pharmac. Rev.	Pharmacol Rev	USA

Voller Titel	World Medical Periodicals	Index Medicus	Herkunft
Pharmacology	Pharmacology	Pharmacology	CH
Pharmacology, Biochemistry and Behavior	Pharmacol. Biochem. Behav.	Pharmacol Biochem Behav	USA
Pharmacology and Therapeutics	Pharmacol. Ther.	Pharmacol Ther	GB
Phillip Journal	Phillip J.	Phillip J	D
Phillip Journal für Restaurative Zahnmedizin	Phillip J. restaur. Zahnmed.	Phillip J Restaur Zahnmed	D
Philosophical Transactions of the Royal Society of London Series B: Biological Sciences	Phil. Trans. R. Soc.	Philos Trans R Soc Lond (Biol)	GB
Physics in Medicine and Biology	Physics Med. Biol.	Phys Med Biol	GB
Physiological and Behavior	Physiol. Behav.	Physiol Behav	USA
Physiological Reviews	Physiol. Rev.	Physiol Rev	USA
Planta Medica	Planta Medica	Planta Med	D
Plasmid	Plasmid	Plasmid	USA
Plastic and Reconstructive Surgery	Plastic reconstr. Surg.	Plast Reconstr Surg	USA
Postgraduate Medical Journal	Post-grad. med. J.	Postgrad Med J	GB
Poultry Science	Poult. Sci.	Poult Sci	USA
Presse Medicale	Presse méd.** (bis 1971)	Presse Med	F
Preventive Medicine	Prev. Med.** (bis 1940)	Prev Med	USA
Proceedings of the National Academy of Sciences of the United States of America	Proc. natn. Acad. Sci. USA	Proc Natl Acad Sci USA	USA
Proceedings of the Nutrition Society	Proc. Nutr. Soc.	Proc Nutr Soc	GB
Proceedings of the Royal Society of London. Series B: Biological Sciences	Proc. R. Soc.	Proc R Soc Lond (Biol)	GB
Proceedings of the Society for Experimental Biology and Medicine	Proc. Soc. exp. Biol. Med.	Proc Soc Exp Biol Med	USA
Progress in Biophysics and Molecular Biology	Prog. Biophys. molec. Biol.	Prog Biophys Mol Biol	GB
Progress in Brain Research	Prog. Brain Res.	Prog Brain Res	NL
Progress in Cardiovascular Diseases	Prog. cardiovasc. Dis.	Prog Cardiovasc Dis	USA
Progress in Neurobiology	Prog. Neurobiol.	Prog Neurobiol	GB
Prophylaxe impuls	Prophy. impuls	not indexed	D
Prostaglandins	Prostaglandins	Prostaglandins	USA
Prostaglandins Leukotrienes and Medicine	Prostaglandins Leukotrienes Med.	Prostaglandins Leukotrienes Med	GB
Psychiatry Research	Psychiatry Res.	Psychiatry Res	NL
Psychological Bulletin	Psychol. Bull.	Psychol Bull	USA
Psychological Medicine	Psychol. Med.	Psychol Med	GB
Psychological Reviews	Psychol. Rev.	Psychol Rev	USA
Psychopharmacology	Psychopharmacology, Berlin	Psychopharmacology (Berlin)	D
Psychopharmacology Bulletin	Psychopharmacol. Bull.	Psychopharmacol Bull	USA

Voller Titel	World Medical Periodicals	Index Medicus	Herkunft
Psychophysiology	Psychophysiology	Psychophysiology	USA
Psychosomatic Medicine	Psychosom. Med.	Psychosom Med	USA
Public Health Reports	Publ. Hlth. Rep., Wash.	Public Health Rep	USA
Quarterly Journal of Experimental Physiology	Q. Jl exp. Physiol.	Q J Exp Physiol	GB
Quarterly Journal of Medicine	Q. Jl Med. (New Ser.)	Q J Med	GB
Quarterly Reviews of Biology	Q. Rev. Biol.	Q R Biol	USA
Quintessence International	Quintessence Int.	Quintessence Int	D
Quintessenz	Quintessenz	Quintessenz	D
Quintessenz der Zahntechnik	Quintess. Zahntech.	Quintessenz Zahntech	D
Radiation Research	Radiat. Res.	Radiat Res	USA
Radiology	Radiology	Radiology	USA
Regulatory Peptides	Regul. Pept.	Regul Pept	NL
Research Communications in Chemical Pathology and Pharmacology	Res. Commun. chem. Pathol. Pharmacol.	Res Commun Chem Pathol Pharmacol	USA
Research in Veterinary Science	Res. vet. Sci.	Res Vet Sci	GB
Respiration Physiology	Resp. Physiol.	Respir Physiol	NL
Reviews of Infectious Diseases	Rev. Infect. Dis.	Rev Infect Dis	USA
Revue Neurologique	Revue neurol.	Rev Neurol (Paris)	F
ROFO: Fortschritte auf dem Gebiete der Röntgenstrahlen und der Nuklearmedizin	ROFO	ROFO	D
Scandinavian Journal of Clinical and Laboratory Investigation	Scand. J. clin. Lab. Invest.	Scand J Clin Lab Invest	N
Scandinavian Journal of Dental Research	Scand. J. dent. Res.	Scand J Dent Res	DK
Scandinavian Journal of Gastroenterology	Scand. J. Gastroent.	Scand J Gastroenterol	N
Scandinavian Journal of Haematology	Scand. J. Haematol.	Scand J Haematol	DK
Scandinavian Journal of Immunology	Scand. J. Immunol.	Scand J Immunol	GB
Scandinavian Journal of Infectious Diseases	Scand. J. infect. Dis.	Scand J Infect Dis	S
Scanning Electron Microscopy	Scan. Electron Microsc.	Scan Electron Microsc	USA
Scanning Microscopy	Scan. Microscopy	Scanning Microsc	USA
Schizophrenia Bulletin	Schizophr. Bull.	Schizophr Bull	USA
Schweizer Monatsschrift für Zahnmedizin	Schweiz. Mschr. Zahnmed.	Schweiz Monatsschr Zahnmed	CH
Science	Science	Science	USA
Science of the Total Environment	Sci. Total Environ.	Sci Total Environ	NL
Scientific American	Scient. Am.	Sci Am	USA
Seminars in Hematology	Semin. Hematol.	Semin Hematol	USA

Voller Titel	World Medical Periodicals	Index Medicus	Herkunft
Seminars in Oncology	Semin. Oncol.	Semin Oncol	USA
Somatic Cell and Molecular Genetics	Somatic Cell Mol. Genet.	Somatic Cell Mol Genet	USA
South African Medical Journal	S. Afr. med. J.	S Afr Med J	RSA
Spine	Spine	Spine	USA
Stain Technology	Stain Technol.	Stain Technol	USA
Stroke	Stroke	Stroke	USA
Surgery	Surgery	Surgery	USA
Surgery, Gynecology and Obstetrics	Surgery Gynec. Obstet.	Surg Gynecol Obstet	USA
Surgical Clinics of North America	Surg. Clins N. Am.	Surg Clin North Am	USA
Surgical Neurology	Surg. Neurol.	Surg Neurol	USA
Swiss Dent	Swiss Dent	Swiss Dent	CH
Tandlægebladet	Tandlægebladet	Tandlægebladet	DK
Teratology	Teratology	Teratology	USA
Theoretical Population Biology	Theor. Populat. Biol.	Theor Popul Biol	USA
Thorax	Thorax	Thorax	GB
Thrombosis and Haemostasis	Thromb. Haemostasis	Thromb Haemost	D
Thrombosis Research	Thromb. Res.	Thromb Res	USA
Tissue Antigens	Tissue Antigens	Tissue Antigens	DK
Tissue and Cell	Tissue Cell	Tissue Cell	GB
Toxicology	Toxicology	Toxicology	NL
Toxicology and Applied Pharmacology	Toxicol. appl. Pharmacol.	Toxicol Appl Pharmacol	USA
Toxicology Letters	Toxicol. Lett.	Toxicol Lett	NL
Toxicon	Toxicon	Toxicon	GB
Transactions of the Royal Society of Tropical Medicine and Hygiene	Trans. R. Soc. trop. Med. Hyg.	Trans R Soc Trop Med Hyg	GB
Transfusion	Transfusion	Transfusion	USA
Transplantation	Tansplantation	Transplantation	USA
Transplantation Proceedings	Transplant. Proc.	Transplant Proc	USA
Ultramicroscopy	Ultramicroscopy	Ultramicroscopy	NL
Ultrasound in Medicine and Biology	Ultrasound Med. Biol.	Ultrasound Med Biol	GB
Urology	Urology	Urology	USA
Uspekhi Fiziologicheskikh Nauk	Usp. fiziol. Nauk	Usp Fiziol Nauk	RUS
Veterinary Pathology	Vet. Pathol.	Vet Pathol	USA
Veterinary Record	Vet. Rec.	Vet Rec	GB
Virchows Archiv, A. Pathological Anatomy and Histopathology	Virchows Arch. path. Anat. Histopath.	Virchows Arch (A)	D
Virchows Archiv, B. Cell Pathology	Virchows Arch. Cell Pathol.	Virchows Arch (Cell Pathol)	D
Virology	Virology	Virology	USA
Vision Research	Vision Res.	Vision Res	GB
Vox Sanguinis	Vox Sang.	Vox Sang	CH

Voller Titel	World Medical Periodicals	Index Medicus	Herkunft
Western Journal of Medicine	West. J. Med.	West J Med	USA
World Health Organization Technical Report Series	WHO tech. Rep. Ser.	WHO Tech Rep Ser	CH
World Journal of Surgery	World J. Surg.	World J Surg	USA
Xenobiotica	Xenobiotica	Xenobiotica	GB
Zahnärztliche Mitteilungen	Zahnärztl. Mitt.	Zahnärztl Mitt	D
Zahnärztliche Praxis	Zahnärztl. Prax.	Zahnärztl Prax	D
Zeitschrift für Naturforschung, Section C, Biosciences	Z. Naturf.	Z Naturforsch (C)	D
Zeitschrift für Zahnärztliche Implantologie	Z. zahnärztl. Implantol.	not indexed	D
ZWR: Das Deutsche Zahnärzteblatt	ZWR	ZWR	D

* Diese Publikation ist nicht als Zeitschrift, sondern als Buch zu zitieren.
** Diese Zeitschrift erscheint nicht mehr oder unter einem geänderten Titel; sie wurde trotzdem in die Liste aufgenommen, weil sie häufig zitiert wird.

9.5 Checkliste zum Einreichen einer Dissertation
(s. auch Kap. 6)

- Vier maschinenschriftlich geschriebene und gebundene Exemplare der Dissertationsschrift im DIN-A4-Format und in deutscher Sprache. Über Ausnahmen entscheidet der Promotionsausschuss auf Antrag. Letzterer ist zu begründen.
- Beglaubigte Kopie des Zeugnisses über die zahnärztliche Prüfung. Bei der Abgabe nicht beglaubigter Fotokopien sind die Originalunterlagen vorzulegen. Ist der Studiengang nicht in Deutschland absolviert worden, ist die Gleichwertigkeit mit einem in Deutschland erworbenen Abschluss zu beantragen.
- Lebenslauf, der Angaben über Studiengänge, Berufstätigkeit, Erwerb akademischer Grade und frühere Promotionsversuche enthält. Die Angaben sind durch Zeugnisse zu belegen. Der Lebenslauf ist auch Bestandteil der Dissertation und am Ende der Schrift einzubinden.
- Publikationsliste.
- Eidesstattliche Erklärung, dass die Dissertation selbstständig verfasst wurde und auch in Teilen keine Kopie anderer darstellt und die benutzten Hilfsmittel sowie die Literatur vollständig angegeben sind. Die Erklärung ist auch Bestandteil der Arbeit und demzufolge einzubinden.
- Zustimmung zur Speicherung und Verwertung der für die Registrierung der Promotion erforderlichen technischen und persönlichen Daten.
- Polizeiliches Führungszeugnis, das nicht älter als 8 Wochen sein darf.
- Gesondertes Exemplar der Zusammenfassung mit Angabe des Titels und des Promovenden.
- Vom Betreuer unterschriebener und gestempelter Vordruck mit 5 Gutachtervorschlägen.
- Gültige Immatrikulationsbescheinigung, sofern gegeben.
- Personaldokument.
- Approbationsurkunde als beglaubigte Kopie.
- Antrag auf Eröffnung des Verfahrens in deutscher Sprache beim Vorsitzenden des Promotionsausschusses.

10 Weiterführende Literatur

Baur E.-M., Greschner M., Schaaf L.:
Praktische Tips für die medizinische Doktorarbeit.
4. Aufl., Springer Heidelberg, 2001.

Brown P., Stratton G.B. (eds.):
World list of scientific periodicals.
4. ed., Vol. 1-3, Butterworths London, 1963-1965.

Bundesminister für Ernährung, Landwirtschaft und Forsten:
Bekanntmachung der Fassung des Tierschutzgesetzes vom 18. August 1986.
BGBl 42/I: 1319-1330, 1986.

Bundesminister für Ernährung, Landwirtschaft und Forsten:
Bekanntmachung der Neufassung des 873. Tierschutzgesetzes vom
17. Februar 1993.
BGBl I: 254, 1993; BGBl I: 278, 1993.

Bundesminister für Ernährung, Landwirtschaft und Forsten:
Allgemeine Verwaltungsvorschrift zur Durchführung des Tierschutzgesetzes
vom 9. Februar 2000.
BA Nr. 36a, 22. Februar 2000.

Bundesministerium für Ernährung, Landwirtschaft und Forsten:
Tierschutzgesetz. Bekanntmachung der Fassung vom 25. Mai 1998.
BGBl I: S. 1105, 1818, 1998, geändert durch Art. 153 vom
25. November 2003. BGBl I: S. 2304, 2322, 2003.

Bundesminister für Gesundheit:
Bekanntmachung der Neufassung der Allgemeinen Verwaltungsvorschrift
zur Anwendung der Arzneimittelprüfrichtlinien vom 5. Mai 1995.
BA 96a: B29-B36(28), 1995.

Bundesminister für Jugend, Familie, Frauen und Gesundheit:
Grundsätze für die ordnungsgemäße Durchführung der klinischen Prüfung
von Arzneimitteln vom 9. Dezember 1987.
BA 243: 16617-16623, 1987.

Bundesministerium für Umwelt, Naturschutz und Reaktorsicherheit:
Verordnung über den Schutz vor Schäden durch Röntgenstrahlen
(Röntgenverordnung - RöV) vom 8. Januar 1987.
BGBl I: S. 114, geändert durch Art. 1 der Verordnung zur Änderung der
Röntgenverordnung und anderer atomrechtlicher Verordnungen vom
18. Juni 2002.
BGBl I: S. 1869, 2002.

Bundesministerium für Umwelt, Naturschutz und Reaktorsicherheit:
Verordnung über den Schutz vor Schäden durch ionisierende Strahlen
(Strahlenschutzverordnung - StrlSchV) vom 20. Juli 2001.
BGBl I: S. 1714, geändert durch Art. 2 der Verordnung zur Änderung der
Röntgenverordnung und anderer atomrechtlicher Verordnungen vom
18. Juni 2002.
BGBl I: S. 1869, 2002.

Bundesministerium für Umwelt, Naturschutz und Reaktorsicherheit:
Bekanntmachung der Neufassung des Atomgesetzes vom 15. Juli 1985.
BGBl I: S. 1565, geändert durch Art. 8 vom 6. Januar 2004.
BGBl I: S. 2, 2004.

CEN/TC 258 - DIN, Normenausschuss Medizin:
Klinische Erprobung von medizinischen Geräten.
DIN, Deutsches Institut für Normung e.V., Burggrafenstr. 6, 10787 Berlin.

DIN EN 540:
Klinische Prüfung von Medizinprodukten an Menschen.
Beuth Berlin, 2003.

DIN 1505 T 1/05.84:
Titelangaben von Dokumenten - Titelaufnahme von Schrifttum.
Beuth Berlin, 1984.

DIN 1505 Beibl./03.78:
Titelangaben von Schrifttum - Abkürzungen.
Beuth Berlin, 1978.

DIN 1505 T 2/01.84:
Titelangaben von Dokumenten - Zitierregeln.
Beuth Berlin, 1984.

DIN 1505 T 3/12.95:
Titelangaben von Dokumenten - Verzeichnisse zitierter Dokumente
(Literaturverzeichnisse).
Beuth Berlin, 1995.

Dermann K.:
SI-Einheiten und Umrechnungstabellen.
In: Eichner K., Kappert H.F. (Hrsg.): Zahnärztliche Werkstoffe und ihre Verarbeitung.
2. Aufl., Thieme Stuttgart, 2005, 410-415.

Garcia A.M. (International Committee of Medical Journal Editors):
Uniform requirements for manuscripts submitted for biomedical journals.
6th ed., J Epidemiol Community Health 58: 731-733, 2004.

Giebel W., Galic M.:
Die medizinische Doktorarbeit. Anleitung zu selbständiger wissenschaftlicher Arbeit für Doktoranden in der Medizin.
2. Aufl., Kohlhammer Stuttgart, 1994.

Grünig R.:
Das Manuskript – Richtlinien zur Abfassung von Manuskripten und Literaturverzeichnissen wissenschaftlicher Arbeiten.
5. Aufl., Karger Basel, 1980.

Huth E.:
Uniform requirements for manuscripts.
3rd ed., Ann Intern Med 108: 298-299, 1988.

ISO 4:
Regeln für das Kürzen von Wörtern in Titeln und für das Kürzen der Titel von Veröffentlichungen.
Beuth Berlin, 1997.

Kröncke A., Kerschbaum T.:
Wissenschaftler müssen schreiben. Ein Traktat nicht nur für den Zahnmediziner, warum, was und wie sie schreiben sollten.
Hanser München, 1990.

Lippert H.:
Die medizinische Dissertation. Einführung in das wissenschaftliche Arbeiten.
3. Aufl., Urban & Schwarzenberg München, 1989.

Morse P.K.:
The Journal of Prosthetic Dentistry guidelines for reporting statistical results.
J Prosthet Dent 54: 607-608, 1985.

Richtlinien für unsere Autoren.
Dtsch Zahnärztl Z im 1. Heft eines jeden Jahrgangs.

Sachs L.:
Angewandte Statistik. Anwendung statistischer Methoden.
11. Aufl., Springer Heidelberg, 2004.

Schneider W.:
Deutsch für Profis. Wege zum guten Stil.
Goldman, München, 1999.

Sick B.:
Der Dativ ist dem Genitiv sein Tod.
6. Aufl., Kiepenheuer & Witsch, Tschbch. Nr.: 863, Köln, 2004.

Siegel S.:
Nonparametric statistics.
McGraw-Hill New York, 1956.

Walter E.:
Biomathematik für Mediziner.
In: Teubner Studienbücher Mathematik.
3. Aufl., Teubner Stuttgart, 1988.

World Medical Association:
World Medical Periodicals.
3. Aufl., World Med Ass, New York (Nachdruck), 1968.

11 Sachregister

A
Abbildung 9, 52, 60
Abbruch der Studie 30
Abkürzungen 48, 89
Ablauf, zeitlicher 3
Ablehnung der Dissertation 82, 86
Abnahmekommission 85
Abonnement 9
Abschluss, gleichwertiger 118
Absprache 25
Abstract 9, 61, 73
Adobe Photoshop 9
Analyse, statistische 9, 37
Anglizismen 48
Anhang 13, 22
Anmeldung 5, 27
Antrag auf Eröffnung
   eines Verfahrens 116
Anzeigepflicht 35
Approbationsurkunde 79, 116
Arbeitshypothese 17, 37
Arbeitsmittel 26, 30
Arbeitstitel 5, 25
Arzneimittel 28
   -prüfrichtlinien 28
Atomgesetz 33
Aufklärungsschrift 32
Aufnahmen, klinische 54
Ausdrucksweise 47
   -, wissenschaftliche 48
Ausführung 79
Auswertung, statistische 20, 29
Autorenname 69ff.
Autorenschaft 25

B
Balkendiagramm 37, 57
Begriffe 52
Begutachtung 82
Beiträge in Sammelwerken 72
Berlin Style 71, 77
Betreuer 1, 3ff, 23, 25, 85
Betreuung 23, 25
Bewertungsskala 85
Bildanhang 22
Bilddateien 9
Blocksatz 40
Box-Plot-Diagramm 68
Bücher 71
Bundesamt für Strahlenschutz 34
Büro für akademische Grade 79
Büroprogrammpaket 7

C
CD-Brenner 10
Chargenbezeichnung 22
Checkliste 116
ChemDraw 61
ChemIntosh 61
Computer 7, 10
   -programme 7
Corel Draw 9, 57

D
Danksagung 13, 22
Darstellung, grafische 52, 60
Dateien 8, 10
Daten 8, 37
   -banken 26
   -bankprogramm 8, 9
   -sicherung 10
Datum der Promotion 83
Dekanat 79
Deklaration von
   Helsinki 29, 34, 36
Designer 57

Diagramm 60
DIN EN 540 29
DIN 1505 71
Diskussion 11, 19, 37
Disputation 86
-, öffentliche 85
Dissertant 2
Dissertation 2, 5, 78f., 85
Dissertationsschrift 116
Doctor medicinae (Dr. med.) 2
Doctor medicinae dentariae
 (Dr. med. dent.) 2
Doctor rerum curae
 (Dr. rer. cur.) 2
Doctor rerum medicarum
 (Dr. rer. med.) 2
Doktorand 5, 25, 78, 85
Doktorgrad 2
Doktorvater 1, 3ff., 23, 25, 78, 83
dpi (dots per inch) 10, 57
Dr. med. dent. 2, 86
Druck der Dissertation 83
Druckkosten 26
Durchsicht der Arbeit 78
DVD-Brenner 10

E
Einfügen 8
Einheiten 49
Einleitung 11, 13, 27
Einverständniserklärung 34
-, schriftliche 29, 31
Einwilligungsschrift 32
Endnote 9, 39
Entwurf, erster 27
Ergebniskritik 20
Ergebnisse 11, 18, 20, 37
Erklärung, eidesstattliche 79, 116
Erstautor 25f., 69
Ethikkommission 29, 31f., 34, 36
Europäische Norm
Excel 8
Exemplare 26
Experiment 12, 27, 29, 38
-, bewilligungspflichtiges 28

-, Dokumentation 36
-, Durchführung 36
Experimentator 30
experimentelle Arbeiten 3

F
Fach
 -ausdrücke 47
 -gebiet 24
 -lexika 47
 -sprache 47
 -zeitschriften 61
Fakultät 79
 -, medizinische 32
Fallbeschreibungen 69
Farbabbildungen 54
Fassung
 -, endgültige 39
 -, erste 27, 39
Fertigstellung der
 Dissertation 85
Festplatte, externe 10
Filter 9
Fließtext 40
Flussdiagramm 64
Folien 8
Format 54
Formatierung 8f.
Formeln 61
Forschungsaufgaben 1
Fortbildungsartikel 61
Fotos 52ff., 57
Freigrenze 35
Fremdwörter 47
Führungszeugnis,
 polizeiliches 5, 79, 116
Funktionen 8
Fußzeile 45

G
Gefahrstoffverordnung 35
Genehmigungspflicht 35
Geräte 22, 74
Gesamtnote 85
Gespräch, erstes 25

Gleichwertigkeit
  zahnärztlicher Prüfungen 5
  zahnärztlicher
    Studienabschlüsse 80, 116
Gliederung 11, 16, 27, 43
Gliederungsfunktion 8
Grafiken 8, 18, 52
Grafikprogramm 9
Graustufen 57
Grenzwerte 35
Gutachter 80ff., 85
  -vorschlag 81, 116

H
Haarlinien 40
Haftpflichtversicherung 31
Harvard Graphics 57
Hauptversuch 17, 28
Herstellerfirma 22
Hinweise
  -, drucktechnische 53
  -, klinische 13, 20
Hochschullehrer 81

I
Idee 4
Immatrikulation 5, 79
Immatrikulations-
  bescheinigung 116
Importieren 9
Index Medicus 75, 95
Infrastruktur 10
Inhaltsverzeichnis 43
Internet 84
  -zugang 8
Intranet 7
Isotope, radioaktive 33

K
Kapitel 13
Koautor 25
Kontaminationsmessgeräte 35
Kontrollgruppe 28
Kopfzeile 45
Kopieren 8

Korrektur 49, 78
  -lesen 39
  -programm 49
Kreisdiagramm 57, 65
Kurvendiagramm 68

L
Labor 35
Laufbahn, akademische 2
Lebenslauf 13, 22, 79, 116
Leerzeichen, geschütztes 40, 50
Legende 52
Lektüreerleichterung 15f.
Literatur 27
  -datenbank 9, 39
  -Daten-Verwaltungs-
    programm 9
  -hinweise 69
  -kartei 9, 22
  -quellen 15
  -recherche 7ff., 15
  -register 9, 69
  -sammlung 26
  -übersicht 11, 15f., 27
  -verzeichnis 11, 20, 69
  -zitate 39, 61

M
Manuskripte 74
Material 11, 17, 20, 22, 27
Medianwert 19
Medikamente 28
medizinhistorische Arbeit 4
Medizinprodukte 29
Medline 9
Messwerte 9
Methode 11, 17, 20, 27
Methodenkritik 20
Microsoft Office 7
mind map 27
Mitteilungen, persönliche 74
Mittelwert 19
Monitor 30
Monografie, wissenschaftliche 47
Motivation 1, 5

MS Explorer 8

N
Nebenwirkung 28
Note 82
Notebook 10
Nummerierung der Seiten 40

O
Online-Zugang 9
Originalarbeiten 9, 61

P
Patienteninformation 30
Personalausweis 79
Personalcomputer 39
Personaldokument 116
Pflichtexemplare 26, 83
Photo Paint 9
Planung, biometrische 33
PowerPoint 8
Präsentationen 8
Praxis 3
Probanden 30f
Probekörper, Beschriftung 36
Promotion 2, 85
Promotionsausschuss 82, 85
Promotionsbetreuer 33
Promotionsbüro 43, 79, 83
Promotionsfeier 86
Promotionsprüfung, mündliche 85
Promotionsverfahren 5, 82
    Eröffnung 79
Promovend 2
Proportionalschrift 40
Prüfer 85
Prüfplan 32
Prüfung
    -, klinische 29
    -, mündliche 82
    -, von Arzneimitteln 28
    -, von Medizinprodukten 29
Prüfverfahren, statistische 19
Publikation, elektronische 84
Publikationsliste 116

Publikationen 9, 12, 25
Pubmed 9

Q
Quellen 9
Querformat 57

R
Radioaktivität 35
Radionuklide 34
Radionuklidlaboratorien 34f.
Rechtschreibung 47, 49
Referenzdaten 9
Reinschrift 39
Röntgen
    -aufnahme 34
    -strahlen 34f.
    -verordnung 34

S
Säulendiagramm 37, 57, 61, 66f.
    -, dreidimensionales 67
Schlüsse 13, 20
Schlussfolgerungen 11, 20
Schlusskontrolle 78
Schriftart 40
Schriftgröße 57, 60
Schutz der Patienten,
  -- Probanden 30
Schwarz-Weiß-Bilder 54
Seitenzahl 40, 43
    -, gerade 45
    -, ungerade 45
Serifen 40
Sicherheitskopien 37
SI-Einheiten 49, 87
Signifikanzniveau 19
Speicherkapazität 10
Sponsor 30
Sprache 47
SPSS 8f.
Staatsexamen 3
Standardabweichung 19
Ständige Konferenz der
    Kultusminister der Länder 7

Statistiker	28	Transparenz	22
statistische Bearbeitung	18	Trennstrich, geschützter	40
Stil	8, 27, 39, 47, 49		

Strahlen
   -dosis 34
   -, ionisierende 33
Strahlenschutz 34f.
   -beauftragter 35
   -bevollmächtigter 35
   -verantwortlicher 35
   -verordnung 33ff.
Strich
   -dicke 60
   -stärken 52
   -zeichnungen 57
Struktur 10f.
Studie 28
   Abbruch 30
   -, experimentelle 4
   -, klinische 4
Studiendesign 15
Studium 5f.
Summary 13, 21
Synonyme 48

T
Tabellen 8, 18, 52, 57
   -anhang 22
Tagebuch 37
Tempora 47
Texturen 8
Textverarbeitungs-
programm 8f., 39
Thema 3ff., 25
Themenarten 4
Thumbs 9
Tier
   -schutzbeauftragter 33
   -schutzgesetz 32
   -versuche 32
   -versuchsantrag 33
   -versuchskommission 33
Titel 43
Titelblatt 40, 43
Titelrückseite 43

U
Umbruch 40
Umfang 10f., 39, 47
Umrechnungstabelle 87
Universität 26
Universitätsbibliothek 9, 83
Unterstützung, finanzielle 26
Untersuchung
   -, epidemiologische 4
   -, laborgestützte,
      experimentelle 4
Urkunde 86
USB-Memostick 10

V
Vancouver Style 71, 74
Variable 19
Verlag 73
Veröffentlichung 16
   -, wissenschaftliche 78
Versicherung 29, 34
Versuchsaufbau 20
Versuchsdurchführung 20, 25
Versuchsergebnisse 18
Versuchsplan 28
Versuchstierkunde 33
Vertrag 26
Voraussetzungen 3
Vorlage 8
Vorträge 74
Vorversuche 11f., 17, 27ff.

W
Werbeartikel 69
Werkstoffe 22
Widmung 43
Wirkung 28
wissenschaftlicher
   Betreuer 1, 3ff., 23
World Medical
   Periodicals 71, 73, 76, 89, 95
Worttrennungen 40

Z

Zeitaufwand	3	Zielstellung	11, 16
Zeitschriftenaufsätze	72	Zitate	69
Zentralbibliothek	9	Zitieren von Literatur	61
Zentralstelle für ausländisches		Zitiermodus	69
Bildungswesen	5ff.	Zusammenfassung	11, 21
Zeugnis	79	zusätzliche Exemplare	26
–, über die zahnärztliche		Zweck der Promotion	1
Prüfung	116	Zweitautor	70
		Zwischenablage	8